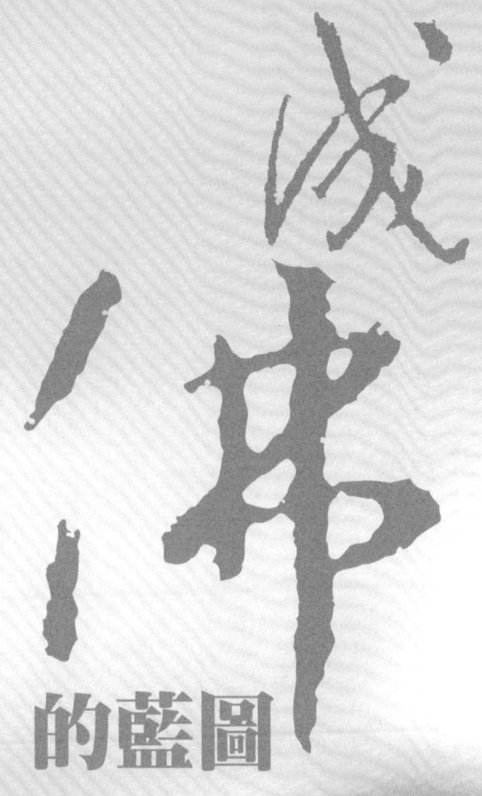


# 成佛的藍圖

Essential Practice

堪千創古仁波切◎著

陳琴富◎譯

獻給第十七世大寶法王嘉華噶瑪巴
烏金著杜聽列多傑

# 目錄

## 第二部　《修道次第論》中卷

# 《中譯序》次第修行親證佛果

陳琴富

佛陀傳法至今，佛教概分為三支：南傳、漢傳、藏傳。見地不同、修行方法也不同。南傳沿襲原始佛教，以觀呼吸和四念處作為修行的基礎，逐次進入四禪八定到滅苦的涅槃境地。藏傳以發菩提心和四加行為基礎，逐次從資糧道、加行道、見道、修道、無學道，達到十地菩薩的果地。唯獨漢傳佛教至今在修行次第上沒有章法，以當前最為普遍的淨土宗和禪宗的傳承來看，儘管虛雲老和尚的開示可以看出參禪的一點軌跡，印光老和尚的法語也道出了實相念佛的眞義；但是當代淨土宗教人老實念佛，它的進階是如何，傳法者說不清楚。禪宗教人參禪，如何個參法，次地如何，也沒有說清楚。

漢傳法師最常說明的修行次第，就是依據《菩薩瓔珞本業經》所說五十二階位修持的德目，菩薩道要歷經的次第有十信、十住、十行、十回向、十地、等覺、妙覺等階位，在此漫長的修行階段，必須要自我精進、自我印證。但是十信、十住、十行、十回向個別的修行次第、彼此之間的關係如何，則沒有明確的解析。方法含糊、次第不明是當前漢傳佛教的困境。

其實，這個問題在八世紀西藏決定要採取印度的傳承還是中國的傳承時就遭遇到了。赤松德貞國王爲了解決藏民學習佛法的困擾，採取辯論的方式決定。他邀請了印度大師蓮華戒和中國和尙摩訶衍進行佛法辯論，結果代表漸悟法的蓮華戒贏了代表頓悟法的摩訶衍，這一段歷史公案被認爲漢傳佛法輸了。其實，「佛本無諍，諍即非佛」，佛法根本是無須辯論的，眞理本自眞理，有待行者自證自知。摩訶衍也不是證量不如蓮華戒，只是西藏的因緣適合蓮華戒所代表的漸悟法門。所以摩訶衍把花環交給蓮華戒，離開西藏回到中國，這是禪者風範。

但是這段公案也說明了一個事實：禪宗講頓悟，沒有章法次第，非上根利器者根本無從入手，一般學者到最後只能圍著名相團團轉，以致學佛者多，覺悟者少。當前漢傳佛教十分興盛，寺廟林立，但是眞正懂得佛法精髓的直如鳳毛麟角，法師只能傳一些世間善法，對於出世間的解脫道，因爲次第不清楚，學者多半無法契入。而寺廟道場爲了弘法，都走向世俗化，爭相興大學、辦媒體，把佛教搞得像傳銷事業；出家人和世俗人做著同樣的事，甚至於互相競爭。雖然這些事業號稱慈善或是弘法志業，但在微細處思量，仍屬世間有漏法。

爲什麼會如此呢？見地不清、次第不明所致。雖然漢傳佛教和藏傳佛教一樣號稱大乘佛法，但是漢傳強調菩薩道之外，不像藏傳有修行次第，藏傳的次第很清楚，在見空性之後才登菩薩地，漢傳卻是多未見空性就要度眾生，這就像是不會游泳的人要下水救人一樣，結果可想而知。佛陀說自利利他，先要成就自利法身，才有可能開展利他化身，也就是先要自利才能利他，這是佛教的基本知見。佛陀也是在菩提樹下悟道以後才開始對五比丘說法，初轉法輪。佛陀爲了傳揚解脫之道派出弟子到各處弘法，所有派出去弘法的弟子都是他認可的阿羅漢。今天弘法者有幾人是阿羅漢？

藏傳佛教四大教派今天仍然保存非常完整的修行次第，他們的共法就是發菩提心、修慈悲心、證空性見，每一個法都是以四加行爲基礎。四大教派的祖師都有相關修行次第的著作，例如噶當派阿底峽尊者的《菩提道燈論》，格魯派宗喀巴大師的《菩提道次第廣論》，噶舉派岡波巴大師的《解脫莊嚴寶——大乘菩提道次第論》，都是很根本的修行次第論。而禪宗除了《碧巖錄》、《指月錄》、《五燈會元》等深奧難解的公案之外，沒有留下什麼修行次第的論著。天台宗智者大師的《摩訶止觀》提出一心三觀的圓頓止觀方法，天台宗另有「六妙門」：數、隨、止、觀、還、淨的方法，算是修習止觀的次第。但是今天漢傳佛教已經很少人在教天台宗的修行法門了。

寂護和蓮華戒師徒可以說是把印度佛教帶入西藏的先驅，在赤松德貞決定以蓮華戒的漸悟法門作爲修行根本以後，蓮華戒受命寫下《中觀學派修道次第論》，這算是西藏最早期的修行道次第的著作，往後四大教派的祖師也泰半不離此修行的核心方法，在他們的著作中也多隱現蓮華戒的教示。蓮華戒的主要著作有四部，除了《中觀學派修道次第論》，另外三部是：《攝眞實論難語釋》、《中觀莊嚴論難語釋》、《中觀光明論》。他的思想屬於瑜伽行中觀自續派，認為一切法皆以其特有的性質存在，但卻不是實有的。

蓮華戒在本論中談到修行道次第，有非常清楚的說明。從慈悲心、菩提心的啓動，到空性的見道過程，以及透過修行六波羅蜜，逐次登十地菩薩的次第，最後成就佛果。此外，在修行止觀方面也有詳細的闡述，修止是透過九住心的階段，逐次達到四禪八定；修觀則是要了悟空性，證悟人無我和法無我。在智慧與善巧的結合下，從生起利益眾生的世俗菩提心，到進入大乘見道位的勝義菩提心，斷除煩惱障和所知障，成就無學道。此一次第已經成為藏傳佛教修行的根基。

創古仁波切一心致力於弘法，凡聽過他開示的人，不論出家在家眾，都能沐浴在他慈悲的法益中。早在五百年前第七世大寶法王噶瑪巴興建創古寺時，就委派他擔任創古寺的住持，也就是第一世創古仁波切。他同時也是蓮花生大士二十五位聖弟子之一。第九世創古仁波切生於一九三三年，第十六世噶瑪巴認證了仁波切，並為他撰寫了一首長壽祈願文：「教誡德望噶瑪智慧尊，賢善正法功德遍虛空。足蓮永固講經與實修，事業尊勝威光照十方！」噶瑪巴在此吉祥願文中同時賜予他法名。一九三七年仁波切四歲時在創古扎西確林本寺舉行座床大典。

一九六七年，他遵照十六世噶瑪巴的指示前往印度與不丹邊界的巴薩，在各派深具德望與權威的善知識、一千五百名僧侶及一名達賴喇嘛代表的見證下，接受各派共學之五部大論及噶舉傳承重要典籍《甚深內義》、《二品續》及《究竟一乘寶性論》的辯經口試。在此辯論中，他以答辯者的身分接受艱難的挑戰。在眾人面前，第九世創古仁波切展露其學者及禪修大師的風範。

第十四世達賴喇嘛授與創古仁波切「噶舉堪布」的頭銜。在噶舉傳承位於錫金的駐錫地隆德寺，第十六世噶瑪巴授與他「堪千」的頭銜，並宣稱他的心與馬爾巴大師的重要弟子暨其注疏傳承持有者哦確固多傑的心無二無別。一九七六年，第十六世噶瑪巴要求他到國外傳法，噶瑪巴並授與他無上殊榮，以特殊的方印認定他為偉大的三戒金剛持有者及噶舉傳承所有典籍論釋與禪修法教精髓的總攝。

蓮華戒的這部《中觀學派修道次第論》，在漢譯的大藏經中亦有，由宋朝的三藏法師施護翻譯；漢譯作《廣釋菩提心論》，計有四卷，內容較藏傳的稍微簡略。由於本論不只討論菩提心，還兼及慈悲心、止觀和十地的修行次第，因此本文翻譯不採漢譯，而依據英文原意譯為《中觀學派修道次第論》。

在本書的開示中，創古仁波切以清晰的言詞、簡單的比喻，將修行次第做了深入淺出的闡釋；他不但融入各學派的見解，同時還有個人修持的經驗；不論是初學者還是修行多年的行者，都會有不同的體會和收穫。尤其是修習漢傳佛法的弟子們，在行持多年仍無所收穫後，應該根據本論的次第檢視自己的修行方法，相信會有不同的體會。願有緣接觸到本書的人能夠依次第修行、體解大道、親證佛果。

二〇〇六年十一月九日

# 《英譯序》分享古老遺產的法益

一九八八年春，創古仁波切接受那洛巴佛學院院長的邀請，從他駐錫的尼泊爾加德滿都到科羅拉多的波爾德，針對蓮華戒菩薩（Kamalashila）所造的《中觀學派修道次第論》上卷（*First Treatise on the Stages of Meditation in the Middle Way School*），《中觀學派修道次第論》又名《廣釋菩提心論》）做了系列的弘法開示。他在一九八九年秋天再度造訪學院做了第二次的系列弘法開示，這次的主題是《中觀學派修道次第論》中卷（*Intermediate Treatise on the Stages of Meditation in the Middle Way School*）。此處作一簡介，可以幫助讀者了解創古仁波切教示的風格，以及我翻譯的方式。

各行各業的人都來參加這個法會：每天晚上的開示，聽眾包括那洛巴佛學院的學員、以及其他在藝術和人文領域的學生、學院裡各部門的執事人員、波爾德佛教團體的無數成員，或是無意間被帶進來的好奇者；其中有些是在佛教團體研修過幾年的老參，有些是只知道一位帶著微笑的傢伙，從大老遠來隨興地談談關於智慧的問題。不同層次的聽眾，對於大乘佛法的知見、禪定和教法，提供了一個有迴響的探究。

爲了對蓮華戒的論著做清晰而易於理解的說明，讓行者方便可得，創古仁波切將學院專家的意見分許多層次，井然有序地編入教法中；他不直接評論個別的字句或辯駁個別的章節，而是聚焦在蓮華戒論著的主題，並以最簡潔的知見開示。看蓮華戒論著的讀者會發現，這些教示的精確和指導需要借助於佛經的導航。創古仁波切似乎優雅地翱翔於這些經典的上空，謹慎地傾聽它的旋律，盡情享受故事的美和劇情，然後轉給我們；他輕鬆地擷取古老遺產的法益，愉快地和我們分享。我在這些開示中，偶而擔任翻譯，對上師致力於他的工作大感驚訝。仁波切完全張開他的雙掌，慷慨地將珍寶給予不疑的、陶醉的眾生，沒有讓任何人失望。

我在翻譯這些開示時，盡量維持創古仁波切的語調和神態。我從聽錄音帶紀錄開始逐字翻譯，意圖達到精確完整。接下來，我再次聆聽錄音帶，並檢視英文。如果能愉快地聆聽創古仁波切的開示不是更好嗎？我希望他的許多弟子能在這翻譯中認出上師的聲音。至少，讀者會留下一個印象：一位經驗豐富的上師是如何一步一步地爲弟子揭示佛法。

創古仁波切在邱揚創巴仁波切（Chogyam Trungpa Rinpoche）往生一年後到此給予第一次的法會開示，邱揚創巴仁波切是那洛巴佛學院的創始者，他是創古仁波切的畢生好友，兩人年輕時在第十六世嘉華噶瑪巴讓迥日佩多傑座下受戒。身爲社團的一分子，我們因爲失去上師而惆悵。我們透過內心的力量和信心尋找靈感，創古仁波切適時地來做了這些開示，我們想尋找適當的字句對他表達無盡的感激，但沒有找到。

在開示蓮華戒的《中觀學派修道次第論》時，創古仁波切談及：「這些論著被重新寫成是為了幫助西藏人，當時佛法才初入西藏。現在，因為佛法開始在美國興盛，這些論著不同於其他，如果我來說這本論著應該會有所幫助。」有些初學這本論著的人可能因此開始步上心靈之旅；有些沉浸於佛法多年的人，可能會感到他們終於踏上修行的道路了。不管哪一種方式，一個初學者的喜悅或是初學者的謙卑，都會感受到他清晰易懂而權威的敘述，他在此所給予的法教是有關一個菩薩的知見、修證和行為。這本上師開示的紀錄，將使得弟子們受益，不論是新生還是老參，讓他們了解什麼是修行佛法的本質，從而將佛陀的法教帶入日常生活經驗之中。

獻身於正修行的輝煌傳承

裘斯・李文生

二〇〇二年四月五日於科羅拉多波爾德

# 第一部

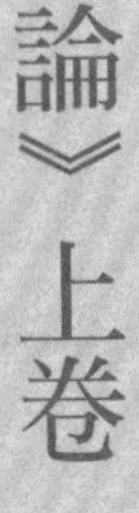

# 《修道次第論》上卷

# 第一章

# 蓮華戒、慈悲心與菩提心

今晚我要談一些關於佛法的事。感謝各位將此視爲一樁大事，前來聽我講述。我將以祈請文開始，請以對佛陀與佛法的虔敬心聽講。之後我會開始解釋經文。（唱誦祈請文。）

## 寂護預言

今晚我要講述禪修的次第，是由印度大師蓮華戒所教授。在西藏我們有經教和密續，蓮華戒在他修道次第的主題中只提到經教的部分。

在第七世紀，松贊干布國王統理西藏，稍後赤松德貞統治西藏。兩人帶動了佛法在西藏的發展。赤松德貞邀請印度大師寂護（Shantarakshita）到西藏，他就是著名的靜命大師。他接受了國王的邀請並爲西藏建立了佛法，在西藏弘揚佛法。即將入滅之前，他說：

「我已經在西藏根植了最真實的佛法。但是，未來佛法在西藏將有障礙。通常，佛法的障礙來自於非佛教徒，但那不是西藏發生的狀況。西藏佛法的障礙是來自於佛教徒宣說不實的佛法。當障礙來到的時候，你們要邀請我的弟子蓮華戒，他住在印度。他會鎮壓住麻煩製造者，讓真正的佛法駐世一長段時間。」

寂護以這樣的方式預示了未來會發生的事。

之後，與寂護大師的預言一致，一位來自中國的和尚摩訶衍到了西藏，並講授佛法。和尙摩訶衍所講說的佛法不同於寂護大師的說法：他說，如同烏雲覆蓋天空及太陽一般，白雲一樣也覆蓋天空及太陽；如同黑狗咬人會痛、會使人受苦，白狗咬人一樣會受傷、會痛。在這種情況下，兩隻狗咬人是一樣的。同樣地，善念與惡念都障礙了清明的觀照，因此我們必須保持無思無念。和尙摩訶衍說這是重點。

當摩訶衍講授這種稍微不同的佛法時，大家都迷惑了。他們不知道該如何修行佛法，他們不知道如何入道。因此，障礙產生了。當國王獲悉修行佛法的人碰到了障礙，他召集會議以決定如何因應這個情況。在會議上，寂護大師的一位弟子提醒大眾，寂護大師在入滅前的預言。由於事情正如寂護大師預言的方向發展，藏人於是邀請蓮華戒到西藏，一如寂護大師所推薦。

## 佛法辯論

蓮華戒來到西藏，第一次和和尙摩訶衍碰面，蓮華戒想：「如果他有學問，我們可以辯論；如果他只是個俗漢，就沒什麼好辯了。」爲了看看他是否眞的有學問，蓮華戒以一根棒子對著摩訶衍的頭繞三圈，並拋出一個問題：「是什麼原因造成三界的輪迴？」因爲和尙摩訶衍很有學問，他了解蓮華戒動作的意義，並把手縮回到袖子裡，回答道：「三界輪迴是因無明而起。」

據此，蓮華戒知道摩訶衍有學問，他們可以辯論。之後，人們開始聚會等待這場辯論。國王充當見證人，蓮華戒與和尚摩訶衍坐在一起，國王將一束花環放在蓮華戒的手上，另一束放在摩訶衍的手上。接著國王說：「這裡有兩個佛法系統：頓悟和漸悟。因爲如此，人們對於如何修行佛法感到迷惑。爲了釐清這種混淆，請開始辯論。辯論過後，勝不驕、敗不慢，失敗的一方將花環獻給勝利的一方；敗者必須離開西藏，回他的國家。」

接著他們開始辯論，蓮華戒提問並擊敗了摩訶衍。辯論失利之後，摩訶衍將他的花環獻給蓮華戒，隨即離開西藏回到中國。從那時起，寂護大師和蓮華戒所教導的佛法傳統就在雪域定於一尊。

之後，赤松德貞國王對蓮華戒說：「你已經看到這裡的障礙了。爲了使佛法在未來不至於遭到類似的苦惱，請你重新編寫一本論著，讓一般人能夠明瞭而又能獲得法益。」應國王之請，蓮華戒重新編寫了三卷《修道次第論》，包括上卷、中卷和下卷。

因此，這本論著是因應佛法初入西藏，特地爲藏人重新編寫的。現在，因爲佛法已經在美國興盛，這些論著不同於其他，如果我來說這本論著應該會有所幫助。

## 重返西藏

蓮華戒又回西藏兩次，但有些人對此有疑義。有關蓮華戒的生平，在我所引用的版本中❶，說他並沒有再回到西藏。寫簡介的作者主張，和尙摩訶衍僱了四個中國人刺殺蓮華戒，而他們確實成功地刺殺了他。但是，我認爲和尙摩訶衍是一位弘揚佛法的大菩薩，他不可能以任何的方式去刺殺蓮華戒。

有些人懷疑蓮華戒曾經再次回到西藏，這有一個依據。當蓮華戒離開西藏之後，他到印度去了。在他赴印度途中，碰到一個印度人的屍體，他因染重病而死。因爲該病是傳染病，沒人敢靠近屍體，蓮華戒想要幫助該地區的人，他用換體法以意識進入該屍體，帶著屍體到一段遙遠的地方後棄屍，然後意識再回到自己的身體中。然而，在蓮華戒意識出體同時，印度的修行人帕當帕桑耶（Padampa Sangye），他長得很醜，正好遇見蓮華戒的身體，蓮華戒長得很英俊而且健康。他想：「我長得這麼醜，這具軀體這麼英俊完好，就讓我的意識進入這個軀體吧。」然後他就將意識進入蓮華戒的身體，離開自己的軀體。當蓮華戒的意識回來時，只見一具印度修行人的醜陋軀體，蓮華戒的意識也只好進入該軀體。因此，心是蓮華戒的，身卻不是他的。

原註

❶嘉桑南多大師（Acarya Gyaltsen Namdol）：《蓮華戒大師》（*Bhavanakramah of Acarya Kamalasila*），梵文本、藏文翻譯本、印文翻譯本（瓦拉那西：中央高級西藏研究中心）。

蓮華戒是以帕當帕桑耶的身體到西藏兩次。用這個身體，他傳授了「平靜」的修行方法，也就是所謂的「切斷」❷。這個修行包含在經教的傳統裡，而不在密續之內。蓮華戒的《修道次第論》與立斷的修行方法是一樣的。因爲這個人所教導的與蓮華戒並無二致，其意義是一樣的，也就不足爲怪了。

我敘述的這個故事是卡瑪洽美（Karma Chakmay）在他的《法山》（*Mountain Dharma*）一書中所說。與我所用蓮華戒生平的版本寫簡介的作者，說法略有不同。我相信，事實可能如卡瑪洽美所說的，因此，我在這裡對你們說了這一段。

## 開展慈悲心

一般而言，《修道次第論》上卷包含三個主題：一、慈悲心的需要；二、菩提心的需要；三、透過修行將此心融入生活經驗的需要。首先要講的是慈悲心的重要性，佛陀本人就強調慈悲心的重要。他在哪一部經裡作如此表達呢？在《聖法集經》、《無盡意菩薩經》，以及《迦耶頂經》，佛陀說：「任何人只要具足一項特質即可成佛，這個特質是什麼呢？慈悲。」

接著，要講開展慈悲心。了知慈悲的重要性之後，我們要知道在連續的意識中如何開展慈悲心的方法，如果我們把眾生放在心上，並感受他們的痛苦，大悲心就會生起。因爲這個原因，本論著闡釋我們應如何憶念眾生的痛苦經驗。

此處教導我們憶念眾生痛苦的方法是什麼？思維六道輪迴的痛苦。我知道你們之中有些已經研習佛法多年，而有些人對佛法卻沒有那麼深入。不深入的人對於六道輪迴的觀念會感到驚訝，但是，如果你按部就班地研習佛法，你將會了解它的意義。因此，我要講述輪迴的六種型態，一如論著的經文中所述。

首先，地獄道眾生會受到冷、熱等極大的痛苦；同樣地，惡鬼道眾生則受到飢、渴的極大痛苦；畜生道眾生則經驗許多痛苦，諸如互相啖食、彼此瞋恨、相互殘害、被人類利用等。如果我們思維這些痛苦，對於轉生地獄道、惡鬼道和畜生道的眾生，慈悲心會油然而生。

同樣地，人間道眾生也有許多痛苦。有些人受牢獄之災、窮困之苦、或受他人奴役。因此，雖然他們不是地獄道眾生，但是痛苦與地獄道眾生相當；他們不是眞正的惡鬼，但痛苦

原註

❷切斷（cutting）：創古仁波切是談到jo（gcod）的修行，jo意指「切斷」，在此處是指「切斷」執著。平靜（the pacifier；zhi byed）是這種修行法的另外一個意思。詳細的討論請參考給尚桑波仁波切（Khetsun Sangpo）《寧瑪派的密續修行》（*Tantric Practice in Nyingma*），傑佛瑞．霍普金斯英譯（Jeffrey Hopkins and Anne Klein, Ithaca, New York:Gabriel/Snow Lion,1982），頁161-166。

不亞於惡鬼；他們不是畜生，但痛苦和畜生一樣。我們以這樣的方式思維人類的痛苦經驗。有些人很富有、生活舒適，但那富有和舒適不長久。還沒能享受到長時的富足和舒適，痛苦就接踵而至。當我們思維他們所經歷的痛苦，慈悲心油然而生。

修羅道眾生因持續的忌妒以及和欲界諸神爭戰不休而痛苦。天道眾生雖然有短暫的享福，最終還是會墮入痛苦的境地，在他們墮落的時候，會歷經五衰的至痛。同樣地，即使是色界和無色界的天人也不能永遠安住在那兒，他們也可能墮入地獄道、惡鬼道、畜生道、人道等。當他們墮落時，精神上受到極大的痛苦。因此，有情眾生轉生於六道除了痛苦之外，一無所有。當我們思維及此，慈悲心油然而生。

在思及有情眾生的痛苦時，我們想：「如果也讓我經歷這些痛苦，我必不能忍受。」以此，藉著想像易地而處的境遇，我們對他人興起慈悲心。之後，我們思維朋友、親人、愛我們的人所受的痛苦，對他們開展慈悲心。當我們能夠如此觀想得很好時，我們思維及於一般人，對那些既非朋友亦非敵人的人，興起慈悲心。當這一步觀想得很好時，思維及於傷害我們的敵人，了知他們也有痛苦，對他們開展慈悲心。以這樣的方式練習，慈悲心會逐漸增強。當我們對敵人生起與朋友相同程度的慈悲心，我們就能夠對十方的一切眾生興起大悲心。

如此觀想的用意就是對一切眾生生起慈悲心，設想他們都是平等的，而不是對某些人選擇性地慈悲。例如，我們可能對人類慈悲，對其他非人類的眾生則不慈悲；或者我們只對屬於同族人慈悲，對非我族類則不慈悲。這種慈悲不是眞正利益一切眾生的慈悲。如果我們只對部分人慈悲，我們可能幫助了某些有情眾生，卻也難免傷害某些眾生。佛法中的慈悲是沒有分別的，一切眾生都是平等的。如果我們對一切眾生都慈悲，這就是慈悲的原則，就是無上的慈悲。

## 開展菩提心

這是第一個主題，以觀想的方法開展慈悲心。第二個主題，是以觀想的方法開展菩提心。如何做呢？當我們對一切眾生開展出慈悲心後，我們會感到必定對他人有點益處。如果我們幫助他人做一些臨時性的工作，通常是有用的而且好的；如果我們以食物、衣服、錢財、藥物等幫助他人，這種助益也只是一時的，當這些東西用完之後，他們再度陷入痛苦煩惱中。據此，怎麼樣才眞正對他人有幫助呢？帶他進入佛法對他將有眞正的幫助，因爲透過佛法他能夠得到最後的成就——佛果，他所有的煩惱都將息止。這樣的態度，是慈悲的作用，思維：「我必須保護一切眾生免於痛苦煩惱，度他們成就佛果。」這樣的心就是菩提心。如果慈悲心以眞誠的方式生起，菩提心也將自然生起。

有兩種方法開展菩提心。是哪兩種？第一種是透過上師教導讓心覺醒，上師是我們信賴的心靈摯友，對我們談論善的品質，並說：「如果你能生起無上的菩提心，將有很大的好處。事實上，你必須生起無上菩提心。」這樣思惟之後，我們生起了一股激勵覺醒的心。這是第一種生起菩提心的方法，是個好方法。第二種方法是透過生起慈悲心開始，菩提心會自然跟隨生起。第一種方法固然好，第二種方法則穩定而有力。因此，喚起菩提心的最好方法就是依靠大悲心。

菩提心是很重要的而且是很有益的。佛陀就以一個例子來說明。一顆鑽石切成碎片仍比金飾強。同樣地，即使我們無法眞正修行菩提心，但因爲有菩提心做爲發心，他的功德超越聲聞和獨覺。因此，佛陀說，菩提心是很重要的。

佛陀在另一部經裡說，雖然菩提心的功德無形無狀，但是如果它有形狀，一定是盡虛空遍宇宙，菩提心的利益是如此不可勝數。

菩提心有兩個層面。哪兩個層面？一個是激發菩提心的願心，一個是行願的菩提心。激發菩提的願心思惟：「願我能利益一切眾生，願我能度一切眾生成佛。」爲此願力而盡力去行，就是行願菩提心。就是這兩個層面。

這是第二個主題的結論。今晚就說到此，如果你們有任何問題，請問。

## 問答錄

問：有一些學者說和尚摩訶衍並沒有離開西藏。他們認爲他留在西藏，而且和大圓滿的教法有一些關聯。您能否就此評論？

答：的確有人這麼主張。但是這麼說等於是批評了大圓滿，因爲如此說來大圓滿的教法與和尚摩訶衍的體系相似。這無異是駁斥大圓滿法。有些人說和尚摩訶衍離開西藏時留下了他的一隻靴子，以是因緣，他的一些見解出現在寧瑪派的大圓滿教法裡。事實上並非如此，這麼說等於是批評大圓滿法教。

問：您說不完全的慈悲、部分的慈悲可能傷害別人。怎麼會這樣？

答：假設我對某一團體慈悲而對另一團體不慈悲。如果這兩個團體不和，那麼我會站在對他們有慈悲的一方，並對另一方瞋怒。又如，我對朋友有慈悲心，如果有人傷害我的朋友，我必然會瞋恨他。由於這個恨意，我將會採取行動傷害對方。在我傷害了他之後，他必然會對我報復。部分的慈悲就會因此傷害別人。

問：六道輪迴的觀念只是心理狀態嗎？您提到在人道中也會經歷地獄道、惡鬼道和畜生道的心理狀態。如果不是心理狀態，地獄道和惡鬼道在哪裡？那些眾生又長得什麼樣？

答：六道輪迴不只是心理狀態。一般而言，他們是有形的。在世親菩薩的《攝大乘論釋》（*Treasury of Higher Knowledge*）中說，地獄道和惡鬼道在南瞻部洲的地底下，也就是說在地下。欲界、色界和無色界的天人在天上。因此，可能就像是這樣。例如，科學家說在地球底下有火。有些人認爲那兒也有眾生。

問：爲何和尚摩訶衍的教義是錯的呢？烏雲和白雲不都覆蓋太陽嗎？如果我們轉生惡道，就會痛苦；如果轉生善道，快樂又是短暫的，因此我們應該放棄六道輪迴盡早解脫。這與摩訶衍的傳統有何不同？

答：一般而言，摩訶衍的思想沒有這麼可怕。然而，如果我們駁斥適合於當時的道德價值，人們就無法修持功德了，如果人們無法累積福德，那麼修行是不會進步的。也就是說沒有累積福慧是不夠的，蓮華戒是以此辯駁摩訶衍的。排斥適當道德的價值並沒有多大用處，只有累積福德才能使修行進步；只有不斷提升，才能達到成佛的境地。蓮華戒說，雖然人和天人的快樂都是短暫而不穩定的，但有一個人的身體或天人的身體去支撐是很重要的，這樣可以一步一步地成就。身爲人或天人，我們必須窮畢生之力去修行功德。

在摩訶衍的體系中，慈悲只是一個暫時的德性，必須要將它破除。蓮華戒卻主張我們應該開發慈悲心和菩提心。和尚摩訶衍卻認爲我們應該破除慈悲心和菩提心。在他的觀念中，我們必須破除一切，這是他們辯駁的焦點。

問：我曾經聽說，身爲人可以擁有獨特的能力經歷六道輪迴，這和我們有能力聽聞和修行佛法有關係嗎？如果沒有，是什麼湊巧的因緣讓我們生而爲人呢？

答：蓮華戒的論著中解釋，人類經歷的情況與其他惡道眾生類似，但卻又不完全相同。例如，人類如果被關在監獄裡，經歷就和地獄眾生類似；人類如果窮困，經歷就像惡鬼道眾生類似。但是，這卻不是說人類的上述經驗就和地獄道與惡鬼道眾生的痛苦完全相同。因此，人類經歷類似地獄道眾生的苦，但是與地獄道眾生眞正所受的苦比起來，人類是輕多了。同樣地，人類經驗類似惡鬼道的苦，但是與惡鬼道眾生眞正所受的苦比起來，人類是輕多了。身爲人類，我們有機會學習佛法，地獄道和惡鬼道眾生則沒有機會修行。這是我們和他們不同的地方。

問：處在更高境界的眾生又如何呢？是什麼妨礙了他們聽聞與修行佛法？

答：他們非常享福而無法體會輪迴的挫折。因爲他們不曾爲輪迴沮喪過，他們無法生起進入佛法的意樂。以此之故，他們沒有機會學習佛法。

# 第二章
# 修行

爲了聽聞佛法，符合佛教的傳統，我們要將自心轉化爲無上菩提心。通常，在一切時、一切行中，如昨天所討論的，我們需要慈悲心和菩提心。尤其是當我們在修法、請法、學法時，如果以成就無上菩提心做爲發心，未來我們的行爲會成爲成就佛果的因，成爲利益一切眾生的因。這就是爲什麼我們需要清淨的發心。因此，請各位將你們的心轉爲無上菩提心來聽講。

## 只有修行才能成佛

昨天我提到《修道次第論》上卷涵蓋的三個主題：一、慈悲心的需要以及開展慈悲心的方法；二、菩提心的需要，當我們嫻熟慈悲心之後，以及開展菩提心的方法；三、透過修行將教法帶入生活經驗的方法。昨天我談了前兩項，今天我要討論修行的方法。

首先，在開展慈悲心方面，我們要發心使一切眾生免於痛苦。其次，我們必須生起菩提心，這種發心是祈願眾生成佛免於輪迴的痛苦。因此僅僅發心是不夠的，我們必須眞正地付諸行動。當我們修行時該怎麼做呢？我們思維：「我要如何度眾生成佛呢？」我們凡人現在是無法度眾生成佛的。爲什麼我們現在做不到？因爲我們的心有種種煩惱。我們的心煩惱到什麼程度？到了無法幫助他人的程度。因此，首先我們要放棄自身的煩惱，增長善良的特質和知識。爲此，我們必須把接受到的法教帶到生活經驗中。

我們要成就什麼呢？我們要成佛。佛陀說，如果我們修行得很好，就可以成菩薩或成佛。因此，我們要修行。同樣地，在《三摩地王經》（*King of Meditative Stabilization Sutra*）中說到：我們毫無餘地，必須修行，爲什麼？只有修行才能成佛；如果修行，成佛就不困難。因此，我們必須修行。

修什麼呢？首先是六波羅蜜——布施、持戒、安忍❶、精進、禪定❷、智慧。同樣地，還有四無量心——無量的慈、悲、喜、捨。此外，還有四攝事——布施、愛語、利行、同事，以攝受眾生。讓自己的舉止符合菩薩的行爲，是一種修行方法。

原註

❶安忍（bzod pa, ksanti）。為了區別一般將bzod pa翻譯為「忍耐」，我認同鈴木俊隆禪師（Shunryu Suzuki）的說法：「在日文裡，耐性是『忍』，但『安忍』說不定是個更貼切的字眼。『忍』是要花力氣的，但是安忍卻不用什麼特別的力氣——你只消如實接受事物的本然面貌就行。」見鈴木俊隆《禪者的初心》（Zen Mind, *Beginner's Mind*, New York and Tokyo: John Weatherhill, Inc.,1970, 86，中譯本二〇〇四年橡樹林文化出版，頁110）。

❷禪定（bsam gtan, dhyana）。在翻譯bsam gtan為「安定的觀想」的同時，我在別處找到有將bsam gtan翻譯為「觀想」。例如，我把 thos pa bsam pa sgom pa gsum 翻譯為「聞、思、修」。把 bsam pa la brten nas byung bai shes rab 翻譯為「依禪定而生起的智慧」。禪定不需要概念，即使這個詞還有別的意含。依據色界四禪定，般若乘的菩薩以直觀了悟空性，他們修行般若禪定而超越五地，一種無念、不二進入空性，也就是諸法的實相。

# 方便與智慧缺一不可

因為我們必須訓練世間法以及禪定和智慧的出世間法，簡言之，一個菩薩必須在知見和行證上訓練。而且，佛陀說過，成佛不能光靠知見或是光靠行證，要兩者具足才能快速成佛。這兩者是什麼？就是方便與智慧。

什麼是方便？除了智慧之外的五波羅蜜，布施、持戒、安忍、精進、禪定是方便；攝受眾生的四攝事、用來利益眾生的資糧是方便。所有這些都稱為「方便」。假使方便沒有智慧的引導，這些方便將會有被誤用或濫用的危險。如果有智慧引導，方便就會用在正途。因此，方便——資糧、財富、力量、活動等，如果由智慧引導，將為自他帶來好的結果。例如，毒藥透過咒語的轉化變成無害。同樣地，如果方便經過完全清淨智慧能量的引導，可以轉化為成佛的因，摧毀覺悟的障礙，擁有良善的特質，解脫煩惱痛苦。佛陀在經中如是說。

蓮華戒在《修道次第論》中廣泛地討論方便與智慧的必要性。為什麼要廣泛討論這兩個主題呢？在西藏弘法時，和尚摩訶衍說智慧是需要的，但是方便卻不是那麼重要。因此，在西藏出生已經接觸佛法的人，認為方便不是那麼重要，甚至認為方便一點也不重要。以是，他們已經走向歧路。為了使他們免於走向錯誤的道路，蓮華戒從印度到西藏。他在西藏和摩訶衍辯論，並擊敗了摩訶衍的言論。因此，在此同時，蓮華戒說無疑地，智慧必須和方便一起修，如果分開了，必然無法達到解脫和成佛的境地。

在本論中，他說了一個八地菩薩的故事。菩薩修行到第八地不動地時，對於禪定是嫻熟的。他們很容易持續入定。當他們進入禪定時，勝利、輝煌、超越的佛陀會來指導他們不要耽於定境太久，佛陀將他們從定境中喚醒。如果不需要方便，那麼佛陀就不需要把菩薩從第八地定境中喚醒。如果單靠智慧就夠了，菩薩可以從禪定中直接成就佛果。蓮華戒觀察到佛陀用方便喚醒八地菩薩，以此辯駁和尙摩訶衍認為不需要方便的說法。

蓮華戒引用了經典支持他的論點。在經中，佛陀對一位安住於第八地的菩薩說：「善男子，你可以安住於禪定，你可以邁向究竟，但是你現在不具足佛的十力和四無畏等功德。現在你必須要成就佛德，因此，不要安住於禪定太久，必須提升自我。你必須進一步開展你的耐力，不要浪費了它們。同樣地，許多眾生的心並不平靜，有各式各樣的煩惱和妄念，有很多痛苦。許多人都是這個樣子，想想他們。你必須幫助他們幸福。只安住在禪定之中是不夠的。你應該從禪定之中走出來。」佛陀做了這樣的建議。

再者，在同一部經中，佛陀說：「善男子，佛身功德不可思量，佛的智慧不可思量，佛國淨土不可思量，佛身光明不可思量，佛音美妙不可思量，佛行事業不可思量。你一定要成就如是功德，如今你只成就了無想定而已。你還沒有完全成就一個佛應具足的功德。一個佛的功德是不可思議、廣大無邊、不可思量、無與倫比的。你要知道他們如是功德莊嚴，應該去成就它。因此，你一定要從禪定之中站起來。」佛陀這麼建議。

依照佛陀的告誡，安住在第八地的菩薩從禪定中出定並累積福德。爲了成就佛的莊嚴功德，他們盡力去開展耐力，而且熟習方便的善巧。以這樣的方式，他們終究能成就佛果。除此之外，如果佛陀沒有告誡安住在八地的菩薩出定，菩薩還會獨自安住在定中，繼續停留在禪定中就無法成佛。如果不能成佛，就無法以佛的功德進一步度眾生。佛陀在一部經裡如是說，他的陳述正好駁斥了和尚摩訶衍的說法。

## 方便與智慧並駕齊驅

在《廣攝一切法經》中，佛陀對文殊師利菩薩說法，他說，假使我們放棄了法，這將是很大的障礙，會帶來立即的報應。有些人認爲佛陀所說的是好的，有些人認爲佛陀所說的是不好的。於是，他們放棄了法。如果我們就這樣放棄了法，這無異反對佛陀。例如，思維智慧是好的而接受，方便是不好的而加以反對。因此，弟子應該重視方便與智慧，兩者並駕齊驅，不可偏一。

在《象頭經》中，佛陀告訴彌勒菩薩，六度波羅蜜是爲了成佛，有些人認爲行者只需要智慧波羅蜜，而不需要其他的五度，這是錯誤的。爲什麼這是錯誤的呢？佛陀說：「慈氏，於汝意云何？當我爲迦尸國王時，我保護了鴿子的生命。我割自己的肉餵食蒼鷹，以免牠們攫食鴿子。這是愚蠢的行爲嗎？在智慧與方便之間，這是爲了方便故。你說，這是傻瓜的行爲嗎？」彌勒菩薩說：「一點也不，這是完全適當的。」同樣地，佛陀問說：「如果我們累積了六波羅蜜的功德，對我們成佛會有傷害嗎？」彌勒菩薩答道：「不會有傷害。」爲什麼要問這個問題呢？佛陀之所以這樣問是爲了要證明智慧與方便雙修的重要性。佛陀與彌勒菩薩的對話已經駁斥了和尙摩訶衍的說法。

以是，智慧和方便都有需要。因此，兩者都要教導。在此，將智慧帶到生活經驗的教法有兩個層面，就是智慧和方便。佛陀說涅槃必須要依靠眞實的智慧才能成就。爲什麼呢？成就涅槃有兩個障礙：邪見和妄見。將不存在的事認爲是存在的稱爲邪見；將存在的事認爲是不存在的稱爲妄見。放棄這兩種極端的見解，行者才有可能成佛。這兩種極端的見解必須透過智慧才能捨棄。

## 聽聞佛法生起智慧

爲了生起智慧我們又該怎麼做呢？在佛教傳統，我們談到三個層面的智慧，也就是聞所成慧、思所成慧、修所成慧。我們必須生起這三種智慧。當我們開始修行時，是從聽聞佛法產生智慧起步。爲什麼？因爲我們不知道如何增長智慧。我們必須依靠某人的指導，而他確實知道如何可以增長智慧。什麼人夠資格教導這樣的教示呢？佛陀可以。因此，我們依靠佛陀的話語，以及闡釋他思想的論著，我們從上師口中聽聞佛陀的法教；上師是我們的心靈摯友。因為要知道法教的意義，我們必須從聽聞佛法中生起智慧。

在《三摩地王經》中佛陀談到這個主題。他說，我們必須了悟諸法無我。要如何了悟無我呢？首先，靠自己的智慧分析並檢視，之後，我們必須實修。這樣才有可能達到涅槃。透過其他的方式是不可能成佛的。

同樣地，在另一部經中，佛陀談到空性，他說，諸法不自生，一切有為法如夢幻泡影。在《般若經》中，佛陀對須菩提說：「須菩提，色即是空。」意思是說，色法是自性空。同樣地，心法也是自性空。以這樣的方式，佛陀教導空性的意義。聞所成慧必須像這樣聽聞佛陀的語言或是有關他思想的論述而生起智慧。

## 思維佛法產生智慧

接著我們必須生起思所成慧。從思維生起什麼智慧呢？我們必須理性地檢視與分析。佛陀說，當我們要把智慧帶入經驗中時，我對於出家人和在家眾的教示是要止觀並重。我們不能只是想：「佛陀如是說。」然後就不加以檢視或分析地照著修。他比喻，出家人和在家眾們應該以檢視眞金的方式檢驗他的法教。首先，要看看這金子是眞的假的，我們會把它放在火中燒。燃燒時，看看顏色是否改變。如果顏色沒變，外表上這枚金子是好的，但內在可能有瑕疵。為了確認它的內在是否完好無瑕，我們切割開來檢視其內在。即使它的內在並不粗糙，仍然可能有一點一滴小小的瑕疵，因此我們再磨光它。經過這三道手續的檢視和分析——燃燒、切割、磨光，我們確定這枚金子是好的，我們才會去購買它，我們不會只因爲某人說它好就認爲它是好的。就像這個例子，佛陀說，我們不能只想到「這是佛陀說的」就進入修行。他說，我們必須透過理性的檢視和分析之後再深入。

聽聞佛陀的經典之後，我們必須加以思維產生智慧。經過分析以後，對於佛陀所說的法生起眞正的信心。然後我們會感到並認爲：「這才是眞實不虛的。」因此，經過聞所成慧以後，我們必須進一步生起思所成慧。討論思所成慧這一點上，蓮華戒談到空性。爲了了解所說的空性是眞是假，我們必須透過兩種理性的思考加以分析。此處，他教示了兩種論證。

## 因果關係的分析

第一種論證是分析它的因。如果這些東西不是空性，那它們就會從因中生起。首先要有一個因，然後從因中生起，之後成物。如果它們是從因中生起，因爲它們成物，所以我們分析它是不是從因中生起。這叫做「因的分析」。通常，在經論中，月稱的《入中論》被做爲論證的教本。諸法如何從因生？如果諸法確實存在，它們從何生起？它們眞的是從因中生起嗎？

有些人認爲因是不必要的，他們認爲諸法不需要因也能存在。這是錯誤的，試想，如果你種下一顆種子在花盆中，會有一朵花長出來。它不會從我眼前的這張桌子上長出來。這是什麼道理？花能成長的因在花盆裡，因此花能夠在此成長；花能成長的因不在這張桌子上，因此花不能在此成長。如果諸法無因生，一朵花就可以在這張桌面上長出來。或是如我們所知，花開在夏季而不是在冬季，這是什麼原因？因爲在夏天，花開的因緣具足；在冬天，因緣不具足。以是緣故，花在夏天開而不在冬天開。如果不需要因，花在冬天可以開，隨時也都可以開了。

有些人認爲諸法是由因所生。某些宗教傳統支持這樣的論點。例如，一些非佛教傳統認爲有一個永恆的因，一個神例如大梵天或毗濕奴創造了一切[3]。他們認爲這樣的神從無始以來即已存在，到現在都沒有改變過。這個永恆的神創造了一切。如果神是永恆的，那麼這個神的本質不會改變。假使神的本質不變，祂將永遠的圓滿。如果神是圓滿的，那麼花就應該在冬天也和夏天一樣盛開，也應該開在這張桌子上一如在花盆裡一樣。爲什麼？因爲花開的因呈現在神的身上。如果我們問他們，爲什麼花不開在桌上或是開在冬天，他們會說，那是因爲和諧的狀態還沒有完全具足。這說明了神不是永恆的：有時祂可以創造花朵，有時卻不能。因此，神是無常的。

## 世俗諦與勝義諦

有人認爲諸法由無常的因而生。但是，並非如此。無常牽涉過去、現在、未來的慢慢改變。已經過去的無法產生果來。因爲過去的已經過去了，它不是一個「有」（thing）❹。同樣地，未來也不會產生果，因爲未來還沒有發生，以後才會到來，現在並不存在。它不是一個有，也不是一個因。因爲它不是一個因，所以不會產生果。因此，過去和未來都不會產生果。

如果現在生起某物，必然是現在產生。現在是一個「有」，因爲現在有，所以必然會產生果。但是如果我們說現在的因產生了現在的果，因和果同時存在。假使果早已存在，就不需要一個因來產生它。假使因現在存在而果還沒產生，當果出現的時候因就不會存在，當因不

原註

❸此處討論的「恆常」（rtag pa, nitya），意思是不變。對於恆常的解釋，請參考傑佛瑞．霍普金斯的《禪觀空性》（Jeffery Hopkins, *Meditation on Emptiness*, London: Wisdom Publications, 1983），頁215–219。

❹此處談到的「有」（thing, dngos po, bhava）意指可以扮演功能。請參考傑佛瑞《禪觀空性》，頁219–220。

存在時就不可能產生任何東西。因此，無常的因也不能產生果。

如此檢視，我們看到一、因不存在，果就不生起；二、恆常的因不生起果；三、無常的因不生起果；四、過去不生起果；五、未來不生起果；六、現在也不生起果。由於因不能產生果，所以我們認爲是空性。

以是，因不產生果，它們是空性。但是，如果是依照慣例，藉著因，產生果。依照相互關係，他們只是生、只是滅，稱做「世俗諦」(conventional)。當我們以理性分析它們不成立，這稱爲「勝義諦」(ultimate)。

這是論證諸法的因，誰開啓了這個論證呢？月稱開啓了這項論證。但是月稱並沒有做整理。佛陀在《稻苗經》裡簡短陳述，而月稱加以擴大闡釋。此處蓮華戒的《修道次第論》也有教示，做爲了解空性的一個方法。

今晚我已經把蓮華戒闡釋兩項論證的第一項加以說明了。明天晚上我將繼續說明第二項論證，我想屆時大家會更清楚。如果有任何疑問或是不明白的地方，請提問。

## 問答錄

問：從不同上師處接受的許多法教都類似而且不矛盾。當我們選擇佛道時，是否代表排斥了其他的靈修之道呢？基督教和佛教是否可以同時接受而不悖呢？

答：一般而言，法有很多不同的傳統。耶穌基督有慈悲心和廣大行，他是一位偉大而不凡的人；佛陀則是完全覺悟的佛。兩者都是絕對好的。當我們依止一種宗教，修行另一種宗教傳統的共法是可以被接受的。當兩傳統有歧見時，會產生矛盾。什麼道理呢？耶穌說的法是好的，但是耶穌沒有說：「如果你修了這個法，你將會成佛。」他教示人們要行善、要博愛、要慈悲。如果我們修行他所教導的法，我們得到他所說的果。如果我們修行佛陀所教導的法，我們也得到佛陀所說的果。兩者的果是有一點不同。只要認同，同時修兩種宗教傳統是可以接受的。如果不認同，同時修兩種法將不受用。爲什麼呢？因爲個別的果是個別成就的。耶穌並沒有教導做壞事，他教導要做善事並且廣大行。佛陀的法教也是一樣。如果我們修行他們所說個別的法，我們只得到個別的果。

問：佛法是否排斥其他的宗教？如果你皈依了，是否就不能修其他宗教的法？

答：皈依不代表要我們放棄所有其他的宗教傳統，也不能說我們就不放棄其他的傳統。我們放棄和佛教牴觸的，至於和佛教沒有牴觸的我們沒有必要放棄，例如善行。當我們皈依佛法以後，我們不能明確地說我們已經放棄了其他的宗教傳統，也不能明確地說我們沒有放棄其他的宗教傳統。這有賴於它們個別、內在的意義。只要其間有矛盾，其中之一就必須放棄，如果沒有矛盾，則無須放棄。

問：我的筆記有關四種攝授弟子的方法並不完全，可否請您再說一遍。

答：如果一位上師認爲很殊勝的法要和其他人結好因緣，爲了要與他的心一致，他必須去做四件事情。第一件是「布施」，給予弟子所需要的。第二件是「愛語」，說讓人愉悅的言語，讓弟子聽得進去的話，以讓人聽了感到愉悅而不是沮喪或不滿的方式說話。第三件是「利行」，以一種符合弟子做事的方式行事，爲了吸引弟子入道，上師稍微遷就弟子行事，稱爲利行。第四件是「同事」，上師不能做出與法相違的事。如果我們想要吸引他人入道，我們的言行必須如法不能違背。這四件事是攝受弟子的方式。它們能使弟子正確無誤地契入佛法。

問：我不確定您今晚所說的分析是針對智慧還是方便，您可以解釋嗎？

答：檢視與分析主要是針對智慧的修行。智慧包括聞所成慧、思所成慧、修所成慧。今晚我談到前面兩種智慧，即聞法、思法所得到的智慧。

問：這是否意味著，方便是先修行不可思議以及超越的六度，然後智慧隨之而來？

答：不盡然。方便和智慧是一起修的。方便伴隨著智慧、智慧伴隨著方便——這是我們將法教帶入日常生活經驗的方法。

問：確切地說，方便是牽涉到「止」的修行，智慧是牽涉到「觀」的修行，對嗎？它們是這樣區隔的嗎？

答：不，方便意指行為，智慧主要是應用於禪定。

問：對於因的分析我有點迷惘。花不長在桌上也不長在水中。諸法是有它的因，如果你檢視它，它們不生於恆常之因或無常之因。如果你分析到盡頭，它就會瓦解。你也談到月稱對於俗諦的討論，我不明白俗諦的教示和空性的發現有何關聯。

答：我們如何理解在究竟上諸法是空性呢？首先，我們想：「這是真的。」接著我們以理性檢視和分析。我們並沒有發現諸法都是如此真實的，因此，究竟上它是空性。但是它顯現的只是慣例，這是一種外相。俗諦的存在是依靠另外一個有。例如，當我在河的這一岸，河對岸的遠山在那兒，河此岸的近山在這兒。但是當我跨過河的對岸後，對岸的遠山變成這兒，此岸的近山變成那兒。哪一個是這兒、哪一個是那兒？沒有一個穩定而明確的答案。因此，山既不屬於這兒也不屬於那兒，要看山的遠近而定。近處的山稱這兒，遠處的山稱那兒。這些都只是俗諦。

例如，你比較這兩柱香，這一柱是長的，那一柱是短的❺。因此，「這」一柱是長

原註

❺創古仁波切拿了兩枝香，其中一枝比另外一枝長（第一對）。

的，對嗎？現在，另外一柱是長的，「這」一柱是短的[6]。因此，這一柱是長還是短呢[7]？誰能說？當你把它和長的比較，它就短；當你拿它和短的比較，它就長。事實上，它既不長也不短。但是，一旦它和其他的東西關聯，就有長短出現。

問：您說明了，有智慧但沒方便會是個問題，這可以理解。您也說，有方便沒有智慧也是個問題。這我就不明白，您可否解釋？

答：方便如果沒有智慧，就無法直接了悟實相。只靠方便不能讓我們成佛。

原註

[6] 創古仁波切現在拿第三枝香，比前兩枝長，並把它與先前較長的那枝抓做一對（第二對）。

[7] 創古仁波切拿著第一對較長的那枝，和第二對較短的那枝。

# 第三章 思維

在佛教傳統裡，當我們聽聞佛法時，發心最重要。理由是，如果我們發心純淨，我們身體和語言所表現出來的行爲就會清淨。如果發心不純淨，我們的行爲自然就不清淨。因此，清淨的發心以及改正我們的發心是很重要的。什麼是我們需要的清淨發心呢？爲了救度一切眾生而成正等正覺的發心是至高無上的；因此請激發起這樣的意欲並用心聽。

## 從一到多的解脫論證

蓮華戒《修道次第論》第一部分有三個主題：慈悲心、菩提心和修行。今晚我要談論修行的部分。這牽涉到兩個主題：方便與智慧。通常談到智慧，就是指聞所成慧、思所成慧、修所成慧。先前我談到聞所成慧；今晚我要繼續談思所成慧。此處，要藉著兩項論證的方式解釋：一、因果關係的分析，我昨晚已經說明了；二、從一到多的解脫論證，現在我就向各位說明。

蓮華戒以《楞伽經》的概念提出從一性到多性的論證。他分析我們所直接感知的法，將它們分成兩類：一、有形的，稱爲色法，是我們可以感知的對象；二、無形的，稱爲心法，屬於內在心識的層面。通常，佛教論典裡談到：外境——可以感知，是由微塵或物質組成；內在——意識的、光明的、自然清楚的。此處，蓮華戒談到兩組，一是有形的色法、一是無形的心法。

首先我們檢視由微塵組成的色法，論中談到「瓶器」等，亦即瓶子、柱子、建築物、山、洞穴等，我們如理伺察其外在形式，可以視爲感知的對象。它們不是安立在單一、獨立的自性上；它們只是由微塵聚合成塊。因此全知的覺者佛陀談到「色蘊」。他稱它們爲「蘊」乃因爲它們不是獨自安立的。它們是由許多微塵聚合成塊，所以稱爲「色蘊」。

以微塵來解釋有助於我們了解。例如，這是我的手❶。我認爲「這是我的手」，假使我展示給別人看，他們也會說：「那是一隻手。」如果以世俗的眼光，它是成立的。它可以寫字，把東西放到這邊或那邊等；它可以做到一隻手可以做的任何事情。但它眞的只是單一的東西嗎？不，它不是的。一隻手中有拇指、食指、中指、無名指、小指。區別一與多，我們能說：拇指是手嗎？不，它是拇指。那麼，食指可以稱是手嗎？不，它是食指。中指是手嗎？不，它是中指。同樣地，手的外表有皮膚，內裡有肉、骨頭和血，有許多組織。那麼，手到底是什麼？我認爲它是由許多東西聚合而成——拇指、指頭、肉、骨頭、血等，組成一隻手。除此之外，沒有「單一的手」這種東西。

原註

❶ 創古仁波切舉起他的手給大家看。

或許我們認爲，即使一隻手不是單一的東西，那麼一隻手指應該是單一的吧？事實上也不是。一隻手指是由第一指節和第一關節、第二指節和第二關節、第三指節和第三關節，以及指甲等組合而成，它是由許多東西聚合而成。

或許我們認爲，即使一隻手指也不是單一的東西，那麼第一指節應該是單一的吧？也不是。它有外表的、內裡的和中間的一些組織。以這種方式繼續探究，最後我們會得到微塵的結論。因此，一隻手指只是許許多多的微塵聚合而成。

所以，一隻手不是單一的東西，一隻手指不是單一的東西，一隻指節不是單一的東西，一個指甲也不是單一的東西。每一個例子都顯示，單一的東西是由許多元素組成。事實上沒有一個單一的事物。

## 色法是空性

以這種方式分析，我們得到微塵的結論。我們也許會懷疑，微塵應該就是單一的東西了。就這點，我們會認爲微塵是如此細小，它們應該無法再切割成好幾部分了吧。然而，在理論上還是可以切割的。當我們以理性檢視，任何事物都可以切割成東半部和西半部，這就是兩個部分了。如果這個微塵還可以切割，單一的東西就不存在，每一樣事物在本質上都是複合的，沒有一件事物是單一的。那麼，所謂的色法是什麼東西呢？它們都如夢如幻，沒有一件事物是眞正安立的。

這說明了外在的色法是空性。我們也許會認爲，雖然有形的色法是空性的，那麼，無形的心法應該是單一的吧。然而，當我們檢視，發現心法也是無實體的。例如，一個外在的形式可能有很多顏色：藍色、黃色、紅色、白色等。因此，它不是安立在單一上，是多性而非一性。當它是多性時，理解它的心識也是多性的。例如，我的手不是單一性的，因爲它是由許多元素組成，包括拇指、食指、中指、無名指、小指等。理解這隻手的心識也不是堅固單一成塊的。它有對於拇指的理解、食指的理解、中指的理解等。因此，心識在本質上也是複合的；沒有一個心識是眞正安立在單一的基礎上的。因此，佛陀說：

外無諸色（外在的色法不存在），

自心所現（是我們的心呈現外在）。

首先，佛陀說外在的色法並不存在。一切諸法都是空性。它們雖不存在，但它們顯相。外相在哪裡顯現呢?藍色等並不屬於外在，而是我們的心顯現外境。

我們如何了解內在的心顯現外在的事物呢?例如，夜晚睡覺時，我們會夢到許多事：山、河谷、同伴、馬、大象等。夢中的境相跟眞的大象、山、河谷一樣，因此我們會以爲是眞實的。事實上，它們與我們的心識是沒有差別的。我們睡在臥室中，臥室裡並沒有大象、沒有山、沒有建築物。我們的心識對於外境可以很清楚。就如同例子中的大象等，它們的外相在我們的心識中很清晰。

因此，內在心識的感知如同許多事物一樣，它是複合的，不是單一而安立的。以此道理，色相不是單一性，心識也不是單一性。

## 諸法皆虛幻不實

我們會認爲，內在心法與外在色法皆非單一性，那麼他們應該是多元性囉。但是，眞正的多元並不會出現。爲什麼？如果他們是一，就可能是多。因爲從一開始，就有二、三、四、五、六。如果沒有一，就不可能出現多。

因此，不論是外在的色法或是內在的心法皆不實，諸法都是虛幻的。就如同夢境一般，內在的心識也是如幻的，外在色法其自性無從安立。這是佛陀說的。因此，非一性相應，亦非多性相應。爲何一和多都不實呢？因爲它們是空性。因爲諸法在究竟上都不實，所以一和多並不存在。

如《楞伽經》所說，譬如鏡中所見的像，既非一亦非多。鏡中所見的相既非所照映的那個像，又無異於原來照映的像。它們既非同亦非異。雖然非同非異，這些相似的像不也在鏡中顯現嗎？的確，它們顯現。就如同這個例子，所有的事物都在我們的心中顯現。我們的確看到它們，但它們是眞實的嗎？它們是虛妄不實的。什麼才是眞實的呢？佛陀說究竟的空性是眞實不虛的——諸法並不安立在它們的自性上。

如理伺察，我們可以證明諸法是空性的。昨天晚上，透過對因的解析，我們證明了諸法無自性的事實。今晚，分析了諸法是一性還是異性，從另一個觀點，我們證明了諸法的空性。透過這些空性的實證，我們可能會認爲業——因果——並不存在。我們會認爲，既然諸法是空性，就沒有善業或是惡業。因此，會認爲沒有因也沒有果。這些算是空性的含義嗎？不算，爲什麼？因爲諸法空相，它改變了存在；因爲是空性，所以符合因果律則。因爲諸法是空性的，所以累積善業有利、累積惡業不利。如果諸法不是空性的，事物將會堅實而穩固地安立，果就無法從因中產生。昨晚我們討論了諸法不自生、不無因生、不共生、不他生，不論從哪一個點來檢視，假使因確實穩固不便，就不會產生果。因爲是空性，才生出妙有。因此「世俗諦」無論如何都不能不承擔業——因果。

例如，有時候水中出現月影。當我們看到水中的月影，眞實的月亮並不在水中，水中月是假的。因爲是假的，所以它能夠在水中顯影。如果水中月是眞實的，它怎麼可能在水中出現呢？可能嗎？如果水中月是眞實的，它不會在水中出現。因爲水中月是假的，所以能在水中顯相。如同水中月影，不論是因、果、諸法，透過虛妄的力量，在我們眼前呈現。

通常，有許多的論證方法，此處蓮華戒的《修道次第論》中，對於思所成慧教導了兩種論證方法。它們讓諸法空性的究竟智慧在我們心中生起。以這兩種論證方法分析，我們會思維：「諸法都是空性的，不是嗎？」如果沒有受過經典的教示，當某人說：「我的手是空性的。」試問，誰會相信？沒人會信，每個人都會嘲笑他。掌握了這兩個「中道」的論證方法之後，如果某人說：「我的手是空性的。」我們會認為：「喔，的確，那是眞的。」因此，這兩項論證證明了諸法都是空性。

這是思所成慧。爲什麼我們要從思維來生起智慧呢？只是聽聞解說無法生起深信和根本智慧。爲了生起後得智和根本智，我們必須透過理性的檢視和分析，因此教導這兩種論證方法。當我們接受了這兩種論證方法的教示後，根本智生起，然後呢？只有根本智並無法讓我們與善果連結，必須禪修。到那時，我們將確信諸法空性，但還無法以直接理解的方式明白它們就是空性。爲什麼？因爲無始劫以來的習氣。那麼，我們應該怎樣對治這些習氣呢？熟悉空性。要熟悉空性只有實修；從這層意義上，我們必須透過實修生起智慧❷。

## 熟悉事物原來的樣子

只有修行，我們才有可能眞正了解空性的意義。爲什麼？如果我們不斷禪觀某種不實的東西，它的樣貌可能會生起。例如，假如我們連續一個月或一年，觀想頭上長出角來，這個角的形象會在我們的頭上出現；這個形象是不實的，它只是我們在禪修時想像的東西。空性不像這樣。在觀想頭上長角時，我們會把假的誤以爲眞的；但是當我們觀想空性時，我們只是去熟悉事物原來的樣子。因此，對於空性的理解會慢慢變得清晰而穩定。

基於這些理由，我們必須要修行。我們應該如何修行？通常修行有兩種方式：止禪和觀禪。這兩種方法我們該從何下手呢？一開始我們並不禪觀空性，但我們先要了解空性。當我們修行時，首先要開發止禪。爲什麼？因爲在最初我們的心是躁動不安的，許多念頭紛飛，使我們無法禪觀。因此，爲了要平息紛飛的念頭，我們必須先開發止禪。例如，當水在搖晃或是攪動時，影像無法在其中顯現。當水靜止時，月影就可以顯現。因此，如果想要看到月影，首先要讓水靜止。同樣地，一開始我們無法禪觀空性，我們必須先讓心靜止。爲什麼要開發止禪？就是爲了讓心穩定。

## 修止四基石

當我們的心境止下來以後，不管我們禪觀什麼，都會很清晰。也就是說，當心靜止時，

原註

❷在這一段的最後四句，創古仁波切用類似西藏的字kom（goms），意思是「變成習慣、變得熟悉、習慣了」。而藏文的gom（sgom）意思是「禪修」。這兩個字音相同，他組織句子並改變聲音將它們結合。創古仁波切突顯佛教傳統在修行上的重要特質：佛教徒的修行是，習慣於最初不熟悉的狀態。因為英文字無法像藏文字這樣類似的情況，因此我在此特別註明藏文的類似之處。

就有可能成就我們要做的事。因此，有必要開發止禪。爲了開發止禪，我們需要什麼條件？蓮華戒列舉了四個因。首先，他說：「不要追逐欲望，要安住淨戒之中。」「不要追逐欲望」是指，如果我們做各式各樣驚人的計劃，想著：「未來我將要做一番偉大而美妙的事：建立成功的事業，創造無盡的財富。」如此我們的心將無法平靜。基於此，我們不能沉緬於極端的欲望之中。而是應當思維：「現在我要好好修行。」

「安住於淨戒之中」是什麼意思呢？一般而言，戒律有很多。此處蓮華戒所說的淨戒並非指和尚的戒律。他的意思是，我們不能夠莽撞行事或是恣意妄爲。我們行止簡單，而不是漫無規章，我們自律得體。這稱爲「安住於淨戒之中」。

接著蓮華戒談到開發止禪的第三個因素：「自發地承受痛苦」，意即我們要能夠忍受修行的艱苦和時間的漫長。當修行變得有點艱苦時，我們不能這樣想：「我已經修行了這麼久，堅持下去很不容易。雖然修行了這麼多，卻什麼也沒發生。」而是，我們要能忍受修行的艱苦。最後蓮華戒提出第四個特質：「精進」；蓮華戒說，如果擁有這四者，我們的修行很快就能成就。

這是一般解釋修行能夠成就的四項因素或是根本。明天晚上我要說明修行的方法：如何安置我們的身體、在何處安住等。今晚就講到這裡。如有任何問題請發問，可能對在座的每個人都有幫助。

## 問答錄

問：既然諸法的本質是空性，那麼空性的因是什麼？心又如何去認知這個空性？

答：空性並不需要一個因。爲什麼？假設，我睡著了，夢到一頭大象。這頭象無從安立，但我會誤以爲有一頭大象。這頭大象不存在的因是什麼？它沒有因。除了沒有大象這個事實，它不需要理由說明爲什麼沒有大象。從一開始，夢中象就不存在，對不對？當我在夢中看到一頭大象，我就錯了。因爲看到一頭大象是個謬誤，並沒有大象。因此，大象不存在不需要一個確切的因。

至於你的第二個問題，今晚我已經對你們談論有關修行成就的先決條件。稍後我會解釋修行方法，你們就會聽到：心如何認知空性的方法。

問：我們只有一個世界嗎？「一切眾生」還包括哪些？

答：通常我們的討論不限制在這個地球上。我們說「眾生平等」意指我們關心一切眾生，不論他們身在何處。

「一切眾生」意思是我們不只是考慮到人類，我們還考慮到動物，以及在佛法中我們談到輪迴的六道眾生。例如，談到我們看得到的眾生：居住在大地上的眾生、居住在水中的眾生、在空中飛翔的眾生等。簡言之，「一切眾生」意指有情感的生命。例如，這本書沒有感情[3]。與此不同地，只要有感情的存在，就是有情眾生。

問：那麼個人對於這世上的無情事物又負有什麼責任呢？如果我們對於有情眾生有慈悲的責任，我會認爲我們對於無情眾生也有責任吧。

答：如果我們要關心水質、樹木、空氣等，這當然是一件很好的事，但佛法並沒有特別教導我們要負起這個責任。佛法教導有情眾生離苦得樂的方法。在帶給有情眾生快樂和關心這個地球之間當然沒有衝突。但佛法並沒有說我們務必要盡這個責任。

問：當你提到諸法非一性時，你的理由是：它們是多性的；當你說他們非多性時，理由是：諸法非一性的。這不公平啊，怎麼可以這樣論證？

答：從一性與多性不存在的觀點看，一性或多性是不可言說的。但是，現在我們要解釋它。一性不存在，但我們假設視它們爲一，因爲我們以這種方式看待，接著說一性無從安立。同樣地，多性也不存在，但我們視它們爲多。這是我們的誤解，多性事實上是不存在的。例如，假設我們夢到一頭大象，我們會認爲夢裡面沒有眞的大象。如果沒有眞的大象，我們又怎會說夢到一頭大象呢？我們可以這樣說，夢裡面沒有一頭大象，但是在夢中大象的影像呈現了。據此，我們可以說：「你夢到一頭大象，但這頭大象並不存在。」

問：你難道不能只說：「諸法非一性，因爲它們是多性，因此，諸法無自性。」爲什麼你還要說諸法非多性呢？

答：讓我們再次檢視手的例子。首先，我的手並非單一性質，它由許多不同部分組成，而且我們可以計數它們。在此我們可以看到手的多性。因爲我們看到它的多數元素，因此我們設定這項檢視爲一個徵象，證明手是多性的，以此認爲手是多性。經過深思之後，我們想說：「好吧，它不是一而是多，不是嗎？」不是，它也不是多性。如果從開始它是一，就可以在這個基礎上建立多。但是因爲沒有這個基礎去建立，因此多也不存在。以這種方式論證，這樣的結論是理性的。因此我們堅定地確信沒有一性或多性的存在。

太簡單了嗎？好，我們再試試。爲了證明一不存在，我們檢視一隻手，計數它的部

原註

❸ 創古仁波切指他正在講授的書。

分：一、二、三、四、五，五根手指，它有五個部分。它是多，不是一。一開始，手被認爲是一，現在被駁倒了。被駁倒的是什麼呢？手的外貌。那麼，該如何看待呢？我們想：「好吧，它不是一，應該就是多囉，不是嗎？」但是進一步細思，我們了解多也不成立。如果有一，就有多：一、二、三、四、到很多，然而，我們無法得到一，又如何能生出多？論證是確著的。事實上，一不成立，多就不成立。因此，諸法是空性的。教導這種論證方法，讓我們能夠了解這個事實。

總之，證明諸法不安立於一性，我們介紹了多性。當我們介紹多性時，我們認爲：「它是多，不是一。」在介紹多之後，只殘存多的概念，而多的不實性也已經說明了。

問：您說過，因爲月亮不在水中，所以你能看到它。這讓我驚訝，如果月亮在水中，不是看得更清楚嗎？我想你的意思是說：你看它的方式是根據一個事實，月亮在天空中，是它的光反射到水中。當您提到，我們能看到諸相的理由是因爲他們不在那兒，您的意思是不是說：認知的過程是根據你理解它並不存在這個事實？

答：我舉第二個例子。假設我在一個小房間睡覺並夢到一頭大象，如果那頭大象眞的存在，這小房間怎麼容得下？容得下嗎？它是透過不存在的力量，使得大象能夠在我們作夢時出現在小房間裡，對嗎？

問：您談到「無形的」心法。心法是否和色法以同樣的條件做分析？

答：當把「無形的」看做是有形的，不同的樣貌就呈現了。因此，心也是多元而非單一的，這是我們分析心識的方法，以尋找它到底是安立於一性還是多性。

問：在禪坐時，眼識的生起是一種慣性的心識嗎？

答：我們已經討論過，經過聽聞佛法後思維所生起的智慧。但透過禪坐所生起的境相是有點不同。稍後我會解釋。

問：我無法理解，如果沒有一個眞實的月亮，我們如何能看到月影的返照？如果先前沒有看過大象的經驗，如何會夢到大象？還有什麼方法來說明我們已具有的認知？

答：現在我們思考的是不同時機出現的有形例子，而不是它們外相的因。例如，我們給的是水中月影的例子，而不是空中月亮的外觀。我們問的是水中呈現的月亮：「水中有月亮，它眞的在那裡嗎？它是眞的還是假的？」我們還沒有問：「水中的月亮是哪裡來的？」同樣地，當給一個夢中出現大象的例子，我們分析夢中的大象是不是眞的，我們不是給一個預設立場的例子，去探討外相的原因。

問：要如何認知我們已經認知的東西？如果我們認知的事實上是空性的話，又如何認同我們所理解的呢？

答：呈現相同的外觀是有可能的。例如，現在我們在這杯水中看到燈光❹。有一個相似的燈光呈現在那兒，但是燈泡並沒有在水中，這個相似的燈光是假的，但是我們卻都看到。我們看到一樣的東西，對嗎？它的生起是依據相同的因緣。

問：我們同意有燈泡在室內，但是燈泡的本質是空性的，對嗎？

答：對的，談到相似的影像，我給個例子說明。就像杯中呈現的假象，這燈光是空性的。如果我們理性分析它是空性的，它會呈現出空性。因此我們確認它是空性。雖然它是空性的，但我們可以看到它們。

譯註

❹ 創古仁波切指著他身旁桌上的一杯水，頭頂上的燈光反映在其中。

# 第四章

# 止

在佛教傳統，我們有經典和密續。在經典中，我們談到因乘。在提到因乘時，我們不把結果當作是主要的，我們強調因。結果是要成就，當因導致轉化時，結果會帶來眞正的樣貌。據此，必然地，如果我們修正自己的發心向善，身體和語言的行爲自然會變好。因此，不管在任何時候或任何情況，發心必須視爲是最重要的。現在，在聽聞佛法的當下，如我昨天對你們所說的，必須開展清淨的發心，發無上菩提心。因此，請振作精神，下定決心要成正等正覺並用心聽講。

## 環境與坐姿

在《修道次第論》的第一部裡，蓮華戒提出慈悲心、菩提心和修行。我們已經談過了前兩者，現在要談第三者修行。在討論修行這部分，蓮華戒介紹了方便與智慧。我們也談過方便，它帶給我們智慧。智慧靠著聞、思、修法而生起。現在我們關注修慧這部分。修行包括止禪和觀禪。昨天我們提到生起止禪的四個因。今天我們要看論中他教導止禪的方法。

建立了止禪的四個因之後，如何起修呢？論中說明我們應該找一個能讓心愉悅的地方。通常，對我們而言，這樣的地方，意指白天的時候沒有其他人的干擾，不會有人來人往；晚上的時候不會吵雜，沒有太多動物和人的喧鬧聲。這個地方必須清淨而舒適。

禪修的時候，在前方放置一尊佛陀、菩薩的像，或是有助於身語意清淨的覺者形象，以增進我們的信心。接著，做大禮拜、懺悔、迴向，以累積福德，而累積福德有七種方式。對一切眾生興起大悲心，你的修行不是爲了自己的享福、爲了短暫的快樂，或是爲了得到個人的成就滿足。以這種方式，在你的連續意識中生起慈悲心，誓願你的修行可以利益一切眾生。

有了這個清淨的發心，接著安住你的身體姿勢。坐在舒適的坐墊上，身體打直。也就是說，爲了使禪修穩定，我們必須坐得很舒適。根據噶舉派典型的不共傳承，我們採取毗盧遮那七支坐、或是穩定禪修五支坐❶。這樣的姿勢有其用意。在本論中提到，坐姿必須舒適，也就是說不一定要採取金剛坐姿。如果我們舒適地坐著，禪修就容易進入定境。

## 安頓這顆心

論中談到禪修的環境和坐姿。接著教導安頓心的方法。通常，我們把心繫在一個所緣物

譯註

❶毗盧遮那佛就是指大日如來，大日如來有七種坐法：一、結跏趺坐，三點鼎立；二、雙手定印，拇指相拄；三、頭正、頸正；四、脊直、肩平；五、眼平視，開合自然遮光；六、舌抵顎，口水自然下流；七、收下顎，頭頂向正上方。又稱「七支坐相」。穩定禪修五支坐則不包括七支坐中關於肩膀及嘴部的兩要點。

上。也就是說，如果我們想要放空，把心放在無所緣上，由於我們從無始劫以來的習氣，會有點困難。爲了慢慢導引我們的心，首先我們要繫心於一緣。所緣有兩種類別：有形的（色）和無形的（無色）。一開始，最好是把心繫念在五蘊或十八界上，或是諸法的其他層面，僅僅觀照它們的本質。這是開始修行止禪的方法。

導引心進入定境的次第方法，在基礎教法的經典中都有。例如，第九世噶瑪巴旺秋多杰寫了三本大手印教法：《了義海》、《破除無明之黑暗》、《指向法身》。在這其中，爲了慢慢引導進入禪定，首先將我們的心專注在外境上，一開始並非淨相，例如小鵝卵石、一塊木頭之類的。把鵝卵石或木頭放置在我們的面前，心專注在那兒，只是不忘失境相。或是放一個小的、彩色的點，藍的、白的、紅的等，禪觀它，不忘失它，直到我們的心變得專注、不散亂。之後，可以把心專注在淨相上，例如，如來的身相。我們放置一尊小小的佛身像在眼前，心專注於佛的身相而不忘失。之後，把心專注在內境上，觀呼吸的進出。論中教導這種訓練禪定的方法。但此處，我們只把心專注在粗糙的事物上。

## 對治各種障礙

當我們以這種方式禪修，在開展禪定時會有一些阻礙。例如，各種貪欲、瞋恨、猜疑、傲慢、嫉妒等念頭都會生起。當念頭生起時，我們的心就跟著遊蕩。此處，論中並沒有詳盡說明心跟著念頭遊蕩時的對治方法。但它簡單提到，以不淨觀對治貪念，以慈悲觀對治瞋念，以因緣觀對治猜疑。禪觀貪、瞋、痴、慢、疑的因，並讓它逐漸減少。論中介紹的這些禪觀技巧，我們應該知道並了解。但是如果作詳盡的討論，這本論著將非常冗長。因此蓮華戒在此只簡單提到而已。如果我們要進一步研究這個主題的細節，可以參考岡波巴所寫的《解脫莊嚴寶——大乘菩提道次第論》（*Ornament for Precious Liberation*）有關禪定的章節。在談論關於開發禪定的部分，岡波巴詳細解釋不淨觀對治貪念、慈悲觀對治瞋念、因緣觀對治猜疑的方法。如果你去研讀，我想你會慢慢了解對治障礙的方法，並調伏你的心。

即使對治特殊障礙的特殊方法在論中也沒有詳細解釋，而是概略式地介紹，爲什麼這樣？當散亂生起時，這是因爲我們不喜歡禪定而是喜歡散亂的緣故。要對治它，只有轉而喜歡安止、不喜歡散亂。什麼方法能轉化我們對散亂的偏愛呢？應觀三摩地的功德，思維禪定的必須和利益，起勝意樂。這有助於自他兩利，除了三摩地，沒有什麼能讓我們遠離痛苦；藉著禪定，身心會生起喜樂；藉著禪定，所有的煩惱會得到平靜，成就佛果，萬德莊嚴都會生起。當我們這樣觀想，禪定的喜樂將會生起。至於散亂，不論是因爲貪念、瞋念還是其他的念頭而分心，散亂會阻礙禪定，使我們無法進入三摩地，如此善德將無法生起。不只善德無法生起，我們也將經歷六道輪迴的痛苦，煩惱將會增加。接著，因煩惱的增加，不同程度的痛苦會生起。正確思維這些過患，我們會厭離散亂，所以散亂就會減弱，我們變得喜愛禪定，所以精進力會增強。因此，我們應該捨棄散亂。

# 克服昏沉掉舉

接著論中談到特別傷害禪定的障礙：昏沉和掉舉。論中教導我們如何捨棄這兩個障礙。有時候懶散、睡眠、昏沉生起，或是注意力變得模糊，或是陷入睡眠。在這些狀況下，我們的心變得鬆懈。當心鬆懈的時候，我們該怎麼做呢？「堅固攝持不散」❷。把心明晰地安住在境相上，這有助於對治昏沉和懶散。這是一種方法。第二種方法是，應觀佛等功德，並觀自身成就佛果。謹記禪定能帶來成就佛果的功德。當我們觀想諸佛功德勝喜悅事，我們的心變得更清明，昏沉和睡眠會減弱。這是驅散昏沉的方法。

掉舉從何而來？我們憶起過去快樂、喜悅的往事，心變得高舉。我們必須放鬆那明顯增強的興奮度。我們如何做到？禪觀無常，憶起輪迴的過患，對輪迴生起厭離。這樣做，使我們遠離掉舉。

昏沉和掉舉不只是煩惱，它們還是禪定的主要障礙。因爲它們是禪修時主要的障礙，因此論中教導簡易的對治方法。

當昏沉和掉舉生起時，有兩個教法可以應用：一、精進；二、無動作。何時要應用精進的教法呢？在昏沉和掉舉生起時，我們要能立刻辨知：當認知是昏沉時，我們應發起精進捨棄昏沉，直到昏沉捨棄爲止。或是，當掉舉生起時，我們應發起精進捨棄掉舉，直到掉舉捨棄爲止。何時要應用無動作的教法呢？當我們已遠離昏沉和掉舉，安住在禪定之中時，如果此時再發起精進，會使得心無法安住在禪定狀態。因此，這個時候，要於所緣中使心無動作。當心安住，遠離高下，以不用力、輕鬆的方式禪修。這是兩種調伏昏沉和掉舉的方法：精進和無動作。

## 九住心

佛陀，已經摧毀了所知障和煩惱障，擁有諸善功德，超越了輪涅，他在一本經中教導九住心，即讓心安止的九種方法。第一個是「內住」，把心安住在平衡狀態而不至於散亂。安住心使其穩定一段短暫的時間。第二個是「續住」，當第一階段進展順利，我們延長安止的時間，使它不只是片刻。第三個是「安住」，當心續住時，散亂會干擾，有時心會遊蕩；當心遊蕩時，我們了知並反思：「我已經變得散亂，我已經滑進了念頭中。」丟掉這個念頭，我們的心再度回到安止狀態。因此，第三個方法稱爲安住。

原註

❷《蓮華戒大師》，頁37。

第四個是「近住」，在第三個階段我們捨棄了散亂，讓心安住。近住則是提供一個延長不散亂的方法。了知跌進散亂狀態，靠著正念和正知，我們持續禪修。以此，我們把心安住在平衡狀態，這稱爲近住。第五個是「調伏」，我們要以什麼方法調伏心呢？我們需要一個技巧，能讓我們的心安住於禪定之中。禪定中的大喜和大樂是技巧。當我們觀想禪定的功德，我們就可以輕易地捨棄散亂，沒有太大的用力和困難。我們就能夠充滿喜樂地禪修。在我們心中生起喜樂稱做調伏。第六個是「寂靜」，當心中產生喜樂時，散亂會再度生起。捨棄散亂的一個方法是要了知散亂的過患。了知散亂的過患並看到它的缺失，我們就不會喜歡散亂。當我們看清散亂是一個敵人並對它生厭，我們就不會喜歡散亂，而它也不會回來。這稱爲寂靜。

第七個是「最極寂靜」，當昏沉和睡眠生起，透過先前說明的對治方法，我們能夠完全調伏昏沉和睡眠。當它們生起時，我們必須有力地依靠對治方法。第八個是「專注一境」，藉著使心進入定境的方法，心能夠安止穩定，這稱爲專注一境的階段。當心能夠不依靠任何的對治方法而安止在穩定狀態，我們的心放鬆而柔軟。我們不須任何的對治或作意，我們自在地安住在自然狀態。「等持」是第九個止心。當心安住在前述階段，我們既無喜也無悲；無須作意攝心，只安住在定境。這稱爲等持，靠著這九個息心的方法，心能夠入定。

## 八斷行

爲了使禪修得力，我們要思考阻礙禪定的過失。歸結起來，修三摩地有六種過失。我們應如何捨棄它們呢？佛陀提過以八種斷行來對治。他說我們必須不斷依靠八斷行。什麼過失會先出現呢？首先是「懈怠」。懈怠意指對禪修不感興趣，不喜歡禪修，或是發覺禪修很困難。我們不想修行，無法專注，此時應用什麼發法對治呢？我們需要信心，這是三摩地的功德。我們必須深信三摩地有功德。我認爲西方的行者對三摩地有很大的信心。如果這種信心生起，懈怠就不是大問題。第二，我們必須生起欲求，當信心起來時，希望達到三摩地。這種信心、欲求和激勵是必須的，因爲它們激發我們眞正「掌握教法」，掌握教法的意思不只是欲求三摩地，而是要精進。首先我們要能專注於禪定。之後，要能維持定境。當過失和障礙生起，我們要能夠捨棄；爲此，我們需要發起精進。靠著信心、欲求和精進，會產生什麼果呢？身心徹底轉化。當我們不斷精進，身心變得輕安；在身心輕安之後，我們可以安住在禪定狀態一段時間，可以依照自己的意願要禪修多久就多久。這種身心的輕安稱爲徹底的淨化，其結果就是捨棄懈怠。「信」、「欲」、「勤」、「輕安」這四者是對治第一種過失——懈怠的方法。

「所緣忘失」是第二種過失。我是依據什麼所緣禪修？我該如何禪修？我該何時禪修？當我禪修時，會有什麼過失？它們何時會生起？我應該採取什麼方法捨棄這些過失？何時適當地對治？有時候心會四處遊蕩，使我們忘失了禪修方法以及所緣。因此忘失是第二種過失。對治第二種過失我們需要什麼？在八斷行之中，我們需要「正念」。經常保持心一境而不散亂，觀照過失的生起，檢視是否忘失了禪定的方法，以此使我們的心不致忘失所緣，這是正念扮演的角色，對治第二種過失——所緣忘失的方法。

「沉下」和「高舉」是第三種和第四種過失。先前在論中已經談到過，昏沉和掉舉是禪定的主要障礙。八斷行中的「正知」對治沉下和高舉。一般而言，正念和正知十分類似。然而，正念防止忘失，而正知檢視：我在禪修嗎？我在遊蕩嗎？我禪修得如何？正知檢視細節，它是同時發生而不是前後接連的。以此，正知對治第三、第四種過失——沉下和高舉的方法。

第五種過失是「無發悟」。這是指當過失生起時不去改正。「思」是對治無發悟的方法。八斷行中的第七個——思，可使我們捨棄第五種過失。思是禪修爲重要的，並認爲捨棄過失是絕對必要的。思致力於採取一些方法使我們捨棄過失。以此，思是對治第五種過失——無發悟的方法。

「發悟」是第六種過失。當心安止於平靜狀態，如果再作意用功，心會再度變得不安定。例如，假使我們左右搖動靜止的水，水就會搖晃不停。同樣地，如果想要調整我們的心，即使它們已經進入安止狀態，它也會被攪動。要用什麼來對治這種過失呢？「捨」。此處，捨是指以放鬆的方式安住，不思考任何重要的事。當我們的心已經平靜，禪定也已遠離過失，此時放鬆在捨的狀態很重要。以這樣的方式，論中講說三摩地的六種過失以及八斷行的對治方法，使我們得以捨棄這些過失。

今晚講到這裡。如有任何問題請提出來，我會解說。

## 問答錄

問：我們如何知道何時當努力，何時當對治？

答：我們自我檢視禪修狀態。有過失嗎？如果有，我們必須努力捨棄它。如果沒有過失，就不需要作那樣的努力。而是安住在捨的狀態。

問：如果昏沉是障礙，我們如何認出它？

答：我們必須在昏沉一開始就逮住它。例如，假使我們打瞌睡，當我們的心一開始下沉，我們就要立即採取對治的方法。同樣地，心開始散亂時，我們就要用方法捨棄它。因此，在障礙一開始就要摧毀它們。

問：我們如何分辨昏沉和捨？

答：昏沉是指心完全不清楚的狀態，可能已經昏睡了，我們不想禪修，即使是坐在那兒都有困難，感覺情緒低落。而捨的狀態是禪修時清楚明亮，繼而放鬆且能持續修行。

問：那麼空白又是如何？有一種放鬆的感覺，沒有念頭，但是清楚的元素不見了。

答：這似乎是鬆弛的微細狀態。我們可以分辨它和捨之間的不同，因爲我們對它會感到厭煩，沒有喜悅之感。而捨不涉及對於禪修的檢視，而是持續、喜悅地禪修，並以修行爲樂。

問：如何以因緣觀對治迷惑？

答：迷惑是指沒有正確地了解現象的樣貌。據此，我們不明白善行與惡行或是導致輪迴的原因，同時也無法正確了解空性。禪觀十二因緣是被教導來去除這些不明白的方法。

世間的輪迴是從哪裡開始生起的呢？從我們的無明開始。由於無明累積了業行，由於業行累積了意識，由於意識慢慢產生名色。如果我們依據各個階段禪觀十二因緣，我們就會了解前因後果，並有洞見的以信心行事使符合因果法則，而且深知諸法空性的道理。因此，禪觀十二因緣被教導來對治迷惑。

問：我已經學到了六種過失和八斷行，而我也嘗試運用在禪修上。我發覺有點糊塗和麻煩：現在出現什麼過失？我應該用哪種方法對治？最後，把每件事冠上「念頭」似乎容易些，這是個問題嗎？我是否還需要去嘗試尋找過失和對治方法？是不是有一種方法讓我少一點麻煩？

答：你的程序沒有瑕疵。我們不必持續的詢問：「這是過失嗎？是這種過失還是那種過失？我應該用這種還是那種方法對治？」不必用這樣的方式禪修。如果我們非常規律地禪修，我們就會熟悉那些轉移我們注意力的過失。知道我們的習氣，就可以思考什麼對治法對我們有幫助，好好學習，並爲我們的禪修做好準備。例如，懈怠影響了禪修，接著我反思必須依靠方法對治，將它們與禪修結合，以這種方式淨化我的修行。我們不必透過尋找過失和對治方法、持續地詢問自己來禪修。

問：您提到爲了適當的修行，我們應該捨棄過度的貪欲。如果是欲求修行成果，算不算障礙？

答：本論中描述過分的貪欲是禪定的障礙，是指在名利上的野心，這的確會阻礙禪定的啓發。而欲求修行成就不能視爲禪定的障礙。這種欲求被認爲是適當的激勵，而且是修行成就很重要的因。

問：我的意思是說，這種欲求有一種用力過度的感覺。

答：我不認爲這是個問題。自我精進和有修行的強烈願望，是值得稱許的。

問：當有困難的感覺生起時該怎麼辦？

答：激勵並產生強烈修行的願望是很重要的。如果有了這些，困難將會過去。

# 第五章

# 觀

爲了聽聞佛法，請生起清淨的發心，將心轉向無上菩提心，專心聽講。

## 觀空性

蓮華戒所著《中觀學派修道次第論》有三部份：一、開展慈悲心；二、開啓菩提心；三、修行無上根本大法。第三部份修行無上大法，教導的是我們應該修行方便與智慧。智慧含有三個元素：聞所成慧、思所成慧、修所成慧。而修所成慧又有兩個層面：止禪和觀禪。今天我們要討論開啓內觀禪定的方法。這牽涉到禪觀對象：一、觀外境不實的教示；二、觀內境不實的教示；三、了悟諸法實相是空性。

之前教導了什麼？我們必須禪觀空性的意義。爲什麼要禪觀空性？我們必須明確、不能失敗地禪觀空性。從根本上，我們禪觀空性是爲了捨棄錯誤的、壞的習氣，以及它所帶來的煩惱。一般而言，修行有很多種方式。在外道的修行中，有修止禪到息心地步的。當心息止之後，只要我們停留在入定狀態，煩惱不再生起。煩惱不再生起，壞的念頭也不再生起。然而，除了禪定期間煩惱和念頭不再生起之外，煩惱的種子並沒有摧毀。當行者出定之後，煩惱再度生起。是什麼理由使得它們再度生起？那是因爲煩惱的根沒有拔除。因此，我們必須捨棄煩惱的根源。

## 捨棄煩惱的根源

什麼是煩惱的根源？我們的煩惱——貪、瞋、痴、慢、疑等，是生起種種痛苦的因，也是使我們無法從輪迴中解脫的束縛。即使我們確認它並思維：「我要息滅煩惱。」但還是無法息滅。我們該怎麼做呢？如果我們認爲諸法實存，那麼貪、瞋、痴、慢、疑等煩惱將緣此而生。什麼能阻止它們生起呢？如果我們了解諸法無自性、是空性的，我們就會知道，貪、瞋、痴等對象並不存在。透過檢視和分析，我們了知諸法是空性。了悟諸法空性之後，所有的煩惱連同它們的種子都會從根拔除。當煩惱以這種方式捨棄之後，它便不再生起。也就是說，當我們透過禪觀空性之後捨棄煩惱，它們就已經從根被捨棄。因爲根已經被切除，所以不會再生起。

爲了了悟空性，我們必須停止相信眼見爲憑的色相。爲了停止相信，我們有必要確切知道色法是空性的；也就是說，我們要確切地了知諸法無自性。要確知則必須克服我們的疑惑，只是懷疑諸法是否實存並不夠，我們要超越它。如果不能超越懷疑，我們無法確切地了悟空性。因此我們要捨棄懷疑。如何做呢？我們不能像拔除手中的刺一般拔掉懷疑。要捨棄懷疑，我們需要禪定和智慧。首先，我們需要止禪，如此我們的心能安止於平靜狀態。在我們的心能安定之後，必須正確地檢視和分析禪觀對象。如果禪定和智慧開啓了，我們就可以捨棄懷疑，確定的事就誕生了。

此處，可以舉一個錯把繩子當作蛇的例子。當我錯把繩子當作蛇，我變得害怕，想到：「一條蛇進到我的屋內，現在我有危險了。」錯把繩子當蛇是個好例子，與令人誤解的輪迴外貌異曲同工。誤解的輪迴外貌事實上是不存在的，就像蛇不存在於那根繩子上是一樣的。然而，當我們錯把繩子當成蛇的時候，不管怎麼做都無法停止恐懼，即使我們手上有一把來福槍或一把刀。那些方法都無法消除我們的恐懼，事實上我們也不需要這些工具。爲什麼呢？例如，如果我們打一道光照在繩子上，照亮它，仔細檢視它，我們將發現：「這不是一條蛇，而是一根繩子。」此時，根本智將會生起。當我已經看清這根繩子，即使有人對我說：「那是一條蛇。」而且繼續告訴我一個故事：「有一條蛇，眞的，昨天那條蛇經過這裡。」我不會被他誤導。我會很確切地認定那條蛇眞的是一根繩子，沒什麼好怕的，而且也沒有危險。同樣地，諸法都是空性。如理檢視和分析之後，我可以確知它們是空性的。依據我的了知，我捨棄了煩惱。即使有人告訴我諸法不是空性的，而且給我一大堆的理由，也不會改變我的心意，因爲我已經在內心深處生起信心。因此，無論如何我都不會起疑，而煩惱也不再生起。

## 禪定的手緊抓如刀的智慧

對於這種確知，如果沒有禪定和智慧結合，懷疑和煩惱不會消除。例如，在黑暗中，我不知道我的材料在哪裡。同樣地，沒有禪定和智慧，我們無法知道空性。因此，我們需要禪定和智慧。在這本論著中，蓮華戒以一個例子闡明禪定和智慧的必須性。在這個例子中，我們的壞念頭被比喻成一種病。爲了捨棄這個像病一樣的壞念頭，我們該怎麼做？以禪定的手，抓住如刀一般的智慧，緊緊抓住它。如刀一般的智慧在我們的心上謹慎地執行開刀手術，摘除內在的病瘤。摘除這個瘤，我們不能失敗，如果要順利做到，我們需要禪定的手和智慧的刀。如果沒有禪定和智慧，我們心裡頭的病瘤無法去除。

因此，煩惱障必須捨棄。捨棄煩惱障不是一個微不足道的情緒壓制，它必須要連根拔除。從根斬斷它們，必須要靠禪定和內觀的智慧，如此煩惱就無從殘留。例如，當陽光照射，黑暗則無法殘存一般。同樣地，當我們以智慧之光照耀，無明和煩惱自然消失。這種消失不是一種微不足道的消失，而是，無明和煩惱會被連根拔除，不再生起。它們的摧毀將是很徹底的。

當我們看到這個空性，沒有任何所見能超越這個，沒有任何一條道路比這更殊勝。也就是說，沒有任何東西比這個更值得我們洞見，也沒有任何超越這個的東西值得我們了知。我們應該以這種方式了悟諸法空性。一般而言，當我們以這種方式了悟空性，我們知道諸法無法獨自安立、無自性，也就是空性。了悟諸法空性之後，我們是否認爲諸法就不存在呢？不，也沒有所謂認爲不存在之事。捨棄諸法實存的觀念之後，諸法不存在的觀念也自然平息了。這是什麼道理呢？即使只有一法實存，相對地，即有一法依此而不存。因爲即使一法也沒有被發覺是獨自安立的，諸法不存在自然也就無從安立。當瑜伽士以智慧之眼觀察，過去、現在、未來三世諸法都不可得見。因爲諸法不在開始生起時呈現，也不在斷滅時呈現。因此，念頭被平息，煩惱也被捨棄。無瑕、圓滿的平靜就呈現了。

當了悟實相以後，兩種障礙都捨棄了。哪兩種障礙？煩惱障和所知障。什麼是煩惱障？通常，「煩惱」意指非常痛苦和非常艱困。什麼是這個痛苦和艱困的因？貪、瞋、慢、疑等煩惱。了悟空性可以捨棄它們。第二種障礙它不是一種煩惱。那是什麼？我們稱爲所知障。煩惱的出現會產生不同形式的痛苦，但是所知障的出現不會產生痛苦。而且，所知障慢慢會形成煩惱生起的因。什麼是所知障？是非混淆。雖然諸法無獨立的自性，是空性的，但我們卻不認爲它是空性。例如，我們認爲山、圍欄、房屋確實存在，我們也認爲自己的色身確實存在。這種觀念會導致未來煩惱的生起，這也稱爲所知障。這兩種障礙是造成輪迴痛苦的根源。我們如何捨棄這兩種障礙？依靠完全清淨的禪定和完全清淨的觀，完全清淨的智慧生起之後，兩種障礙就從根捨棄了。

## 觀與止

傳統上教導兩種禪修方法：行者的觀和普通人的止。蓮華戒在此處是教哪一種呢？行者的觀。這種禪修在一開始就強調智慧。首先，我們必須正確地生起智慧。要靠什麼生起智慧呢？靠觀察和分析。透過觀察和分析，殊勝的實相在內心中生起，智慧產生了。我們以禪觀實相做基礎，得到精確而可信的智慧。這是行者式的觀。

這種禪修方法是極爲穩定而且正確的。然而，如果我們考慮到修行的旅程，它的確需要比較長的時間。在傳統金剛乘的修行體系，我們是修普通人的止禪。普通人的止禪修行方式不必這麼辛苦。觀照整個心，平靜地安住。這可以說是非常短而且好的道途，簡便且免於艱苦。但另一方面，如果這個方法沒有很好的指導，禪修會變得很愚蠢，不管你多努力，成效很有限，也可能毫無成果。因此，在金剛乘傳統，我們兩者都修。我們把兩者結合，這導致一個好的結果。

## 顯密結合之道

佛陀的法教在西藏興盛，稱爲密教或金剛乘，它的內涵不只是我們已有的或運用的教示而已。爲何如此？當我們學習時，我們研究經典中的主題，我們研究中觀、無上智慧、現觀等。我們從世俗諦的觀點探究，也從勝義諦的觀點探究。什麼是空性？什麼是智慧？禪修時，該分析些什麼？修三摩地的目的何在？為什麼要開發內觀？有哪些不同類型的煩惱是必須要捨棄的？什麼是所知障？如何依靠對治方法捨棄煩惱？哪一種煩惱用哪一種方法對治？對治法如何摧毀煩惱？對治法如何壓制煩惱？對治法如何從根斬斷煩惱？研究使我們清楚了解這些觀點並確認它。

確知它們的意義之後，就不會有走火入魔的危險，或是不了解正道的危險。我們清楚確知整個道的內涵。之後，才修習行者式的觀：檢視、分析，據此修行。如果以這種方式修行，了悟將很慢才生起。因此，當我們眞正修行時，我們是修普通人的止禪，它的道簡單而且時間短，一切會很順利。據此，這個道又稱為「顯密結合之道」。

禪修時，並不必然要根據蓮華戒在《修道次第論》所解釋的方式來起修，但我們卻不能不知道蓮華戒所闡釋的修道次第。如果我們了解這些次第，我們就不會有障礙或是誤入歧途，因為這些指導是正確的。因此，我們不能不研讀這些修道次第，了解它們、確認它們。

如有任何疑問，請題問。

問：我聽過一些中觀學派和空性的教法，在理論上我了解諸法無自性，但那不是我眞實的體驗。在日常生活中，想到一切皆空，將會影響到我們的感知和經驗。我們該如何運用空性智慧？我們應該試著去記住諸法皆空嗎？例如，當我們生氣的時候。

答：即使我們在理論上了解空性，但根本上還是要確切了知它的意義。即是佛陀站在我們面前，說道：「諸法是實存的。」我們也應思惟：「終究，它們不是實有的。」必須要有如此肯定的程度。當我們變得如此確定，諸法會突然消失進入空性嗎？瞋恨和迷惑會突然間息滅嗎？不，不可能這樣。爲什麼？在前世我們已經習慣了一些惡習，這種情況導致今生的煩惱、痛苦和障礙。然而，如果我們對中道生起殊勝的智慧，我們就會清楚地了解自己何時修得很好、何時修得不夠好。我們不必去問別人，我們自己會知道：「我的修行進行得很順利，就是這樣了。沒錯。」如果我們如理如法修行，煩惱會逐漸減少，而且會免於艱難困苦。這是漸進的，不是突然成就的。

問：請您再一次解釋兩種障礙。

答：通常，藏語「drip pa」翻譯成「障礙」，意指阻礙或是看不見。什麼是障礙？阻礙我們看到實相的樣貌，阻礙我們成佛。打斷或是停止。

我們把障礙分成兩類，有它的目的。那些妨礙解脫的是煩惱障；那些妨礙全知的是所知障。煩惱障阻礙我們從輪迴中解脫。不能從輪迴中解脫是什麼意思呢？貪、瞋、疑等煩惱是「根本煩惱」，而我執又是這些煩惱的根源。二十種最直接的煩惱被歸類爲「隨煩惱」[1]，這些根本煩惱和隨煩惱的出現稱爲煩惱障。這些煩惱累積爲業行，透過業行的累積使我們降生於輪迴中。因此，它們稱爲煩惱障。

所知障不像貪瞋等煩惱對我們造成那樣大的危害。認爲諸法是實存的、認爲諸法是不存在的、認爲外相是實存的、認爲內心是實存的等，都稱爲所知障。強烈地執著於這些現象稱爲所知障。當我們強烈執著於這些現象，我們會認爲「它就是這個樣子。」或是「對，我想它就是那個樣。」或是「如果它不是那樣的話，那就不妙了。」爲什麼這些稱爲所知障？它們阻礙我們看到實相，它們阻礙我們成就兩種智慧——根本智與後得智。因爲這樣的理由，所以稱爲所知障。

怎樣捨棄這兩個障礙呢？了悟「人無我」之後，煩惱障就捨棄了。看到「法無我」之後，所知障就捨棄了。看清了諸法空相，兩種障礙就捨棄了。

問：我聽到過「空」有許多不同的類別。我們如何對於不存在的事做分類？

答：並不是空本身被分類。他們是從現象所擁有的特質做分類，而不是從本質上做分類。有些人認爲：「外相是空的，但我懷疑內境也是空的。」有些人認爲：「內境是空的，但我懷疑外境也是空的。」因此經論中有談到外空、內空、內外空。有些人認爲：「這些法都是空的，但是東西南北四方並不空。」因此經論中有談到大空。再者，有人認爲：「這些法是空的，但是空本身不空。」因此經論中有談到空空。爲了斬斷學人的懷疑，因此這些不同意含的空被依個別的、分開的、特定的需要而教導。因此，經論中談到十六空、十八空、二十空。

例如，先前有人說：「《心經》裡面談到無眼、耳、鼻、舌、身、意的細目沒有意義，爲什麼不只說，沒有頭不就好了嗎？這要簡單多了。」不是這樣的，爲了斬斷我們的疑惑，所有的細節都要清楚描述。所以，十六空等也是這樣。

譯註

❶二十種隨煩惱包括：忿、恨、惱、覆、誑、諂、驕、害、嫉、慳、無慚、無愧、不信、懈怠、放逸、昏沉、掉舉、失念、不正知、散亂。

問：當您提到止禪時，您說過這種禪修需要正確指導的重要性。可否進一步解釋。

答：此處，我們是說要經由有經驗的證悟者來指導。當修習行者的觀時，我們檢視並分析外境；當修習普通人的止禪時，我們暫時把外境放一旁。它們是空性，當然，但我們暫時不去管它；當我們不檢視分析內在的心，它似乎是堅固且強而有力，格外令人難忘而又不受控制。然而，假設我們正確無誤地檢視它，我們的心似乎是堅固有力，但當我們尋找時，卻了不可得。它不在身體之外、不在身體之內、不在身體內外之間。我問：「我的心在哪兒？」我四處尋找，但不管怎麼找，就是找不到也看不到。爲什麼？因爲我已經閉上眼睛所以看不到它的呈現？不，心是不會呈現的。也就是說，心的本質，具生的空性，是看不到也找不到的。例如，當我充滿著瞋恨心，強烈而兇猛的恨意，我們尋找那個恨是從哪裡生起又是如何生起的？根本就找不到恨在哪裡。我認爲我知道瞋恨是從哪裡生起又是如何生起的，但是卻看不到。那很明顯可以感覺到而且立即的恨意，是不能直接找到證明的，它事實上是空性的。我們無須依靠檢視和分析。以這樣的方式禪修稱爲普通人的止禪。

問：如果自我是空的，那麼是誰要捨棄無明達到覺悟？

答：當我們把繩子誤以爲是蛇，並沒有一條蛇在這根繩子上。既沒有蛇，何來恐懼？我們爲什麼會把繩子誤當成蛇？我們是如何在一開始把繩子當成蛇的？我們是如何錯誤的受到欺騙，把不存在的蛇當做存在？我們又是如何了知事實上並沒有蛇？一開始我們誤把繩子當成蛇，之後我們知道繩子不是蛇。但在這期間，繩子的實體並沒有改變。在我們誤解它是蛇的時候，它是一根繩子；之後，當我們了知它只是一根繩子的時候，它還是一根繩子，並沒有改變。

同樣地，我們也有所誤解。不是有一個存在的自我要成佛，而是要脫離我們所造成的誤解。痛苦是因爲這個誤解而產生。

問：那麼是誰要脫離這個誤解？

答：首先是五蘊。五蘊被誤認爲是一件事，據此而相續不斷。相續不同於空性，輪迴都是因此而產生。當五蘊自然的現生，了知它們是空性的，誤解就停止了，五蘊的相續就切斷了。

此時善逝的本質在心中出現，佛陀以一個例子談論此。假設金子埋在地下，許多髒東西覆蓋其上。金子在地底下埋藏了數千年乃至數百萬年之久，許多人想要這個金子卻不知道它在何處。金子不會說：「我在這兒。」假使有一位具足天眼的神來到這兒，他會說：「那兒有金子埋藏在地底下。」於是人們挖掘它，把它挖了出來。

同樣地，無明埋藏在我們心中。看不到心中的無明，我們自我愚弄，而且爲自己製造了很多麻煩。然而，佛陀來到此並說：「你替自己製造了很多麻煩，製造麻煩的根源就在你的心中。」已經被告知了麻煩的根源，我們了解內心中的缺陷。認知此，如果我們根除這些缺陷，我們將得自在與寬慰。認知此，如果我們能修行，就會得到幸福。

問：如果我們對他人慈悲，我們也想要解脫他們的痛苦，但事實是我們常受到傷害。我們該怎麼做？

答：一般而言，慈悲是解脫有情眾生痛苦的一種方法。然而，慈悲需要智慧的引導，濫慈悲沒什麼太大的利益，不論對自己或他人都不會有太大受用。因此，智慧是必須的。智慧幫我們尋找到一個眞正利益自他的方法。是有很大的利益還是只有一點點？我們需要有智慧的慈悲。

例如，有個故事說，有一個國王由一隻聰明的猴子當警衛。一晚，一個小偷進入國王的寢宮，國王正在睡覺，一隻蟲子在他頭上咬了一口。看到蟲子叮咬國王，猴子拔起劍向蟲子重擊。當然，當猴子以劍重擊蟲子的時候，也打到國王的頭。在此同時，小偷因忙偷竊國王的財物，看到猴子重擊蟲子和國王，他嚇了一大跳，並喊道：「啊！他要謀殺國王！」

如果你有智慧，你甚至可以幫助你的敵人。如果你沒有智慧，你甚至會對待你的朋友如敵人，而無法幫助他們，就像猴子要殺蟲子卻打國王的頭一樣。因此，如果你沒有智慧，你的慈悲將幫助不了任何人。

對於喚起無上菩提心，我願意說幾句話。這是西藏人修行殊勝佛法的方式。爲什麼呢？通常，佛教徒的方式，如果在一開始就修正我們的發心，我們的行爲可以變得清淨而正確。如果我們沒有在一開始就修正發心，我們的行爲就不會清淨而正確。因此，我們要清淨發心。我們需要怎樣的清淨發心？一般而言，我們應採行利益自他的行爲，而不是傷害自他的行爲。如果我們愛護他人甚過自己，這就會成爲一個利益自他的因。因此，我們應該致力於利他的行爲。再者，我們應該分別短暫的和長久的利益。如果你已經生起無上菩提的發心和意樂，最後會生起廣大的利益，如此你會想：「我要讓一切眾生達到清淨的境地並成佛，也就是已經摧毀兩種障礙，擁有萬德莊嚴，超越了常斷兩邊。」這就是完全清淨的發心。這個發心──達到無上菩提的渴望和意樂，在任何時候和任何行爲都是非常重要的，不論是在工作、禪修或研讀。尤其是，如果我們在聽聞佛法時徹底清淨的發心，接著再聽聞佛法，其後，將佛法帶入生活經驗之中將會成眞。因此，請以清淨的無上菩提發心聽法。

## 以信心禪修

從蓮華戒《中觀學派修道次第論》的三個主要部分：慈悲心、菩提心、將教法帶入生活中，我們特別看重第三部份，將教法帶入生活經驗中。有關修行論及的智慧與方便，我們特別看重智慧。有關智慧論及的聞所成慧、思所成慧、修所成慧，我們特別看重修所成慧。有關修所成慧論及的止和觀，我們特別看重觀。至於進入觀的方法，首先，觀外境是空；之後，觀內心是空；之後，觀諸法皆空。諸法不是不存在，而是空性。我已經解釋過這個觀念。禪觀諸法是空必須在某些智慧指引下修行。如果以信心禪修，懷疑將被捨棄；捨棄了懷疑，煩惱障就可以捨棄。再者，不只煩惱障被捨棄，所知障也會被捨棄。這是我今天要解說的。

## 瑜伽直觀

通常，我們看世情都是顚倒的。這個顚倒見遍及諸法。當我們看到諸法空性之後，顚倒見才捨棄，也就是所知障的捨棄。所知障捨棄以後，就好像太陽撥開了重重烏雲。當烏雲遮蔽太陽，我們無法看清太陽。重重烏雲撥開之後，太陽變得清晰而明亮。同樣地，所知障捨棄以後，智慧變得清晰而明亮。

智慧如何像太陽一樣撥開重重烏雲呢？它被描述爲瑜伽直觀。在普通人和瑜伽士之間，普通人是依據個人的業力轉生，我們談的是瑜伽士。他們的智慧不是像一般人來自於推論式的思考，而是直觀的，因此稱爲瑜伽直觀。我們普通人思考一件事的時候，會考慮一些方法、障礙，以致我們無法清楚而直接地看到。當煩惱障和所知障消除之後，瑜伽直觀的智慧生起。當瑜伽直觀生起，它是如何看的呢？它看諸法的世俗內涵，也看諸法的勝義內涵。在世俗內涵中，智慧看世間諸法的形、色、定義特徵，個別的而不混淆，一如它們的樣子；這個智慧了知諸法的類別。同樣地，在實相的內涵中，智慧直接看到空性的意義；這個智慧了知諸法的樣態。由於消除了煩惱障和所知障，了知諸法樣態和類別的智慧於是生起。

佛陀具足這兩種智慧。爲什麼要具足這兩種智慧呢？由於消除了兩種障礙，因此佛陀具足了兩種智慧；以是佛陀又稱爲「全知」，此處的「全」是什麼意思呢？在世俗的內涵上，佛他知道一切世間法。但是，佛不只知道世間法的外相，他也知道它的究竟樣態，因此佛是全知的，他無所不知。佛的直觀智慧以及萬德莊嚴使他與眾不同。佛陀的莊嚴萬德從何生起呢？從斷除兩種障礙的力量而生起。依靠什麼生起消除兩種障礙的能力呢？障礙是一種錯誤，藉著看到實相，我們捨棄了錯誤。接著，好像太陽撥開烏雲一樣，了知實相的智慧自然生起。因此，通往究竟的唯一道路，必須透過正知見和以此修行來穿越。簡言之，全知的智慧是因爲捨棄兩種障礙而生起；而捨棄兩種障礙是因爲了知諸法的樣態。由於捨棄了兩種障礙，佛陀的智慧於是生起。

雖然佛教徒有這一條道路，非佛教徒則沒有。不只非佛教徒沒有這一條道路，就是在佛教徒中，聲聞等都無法捨棄所知障。爲什麼他們無法捨棄所知障？因爲他們沒有一條道路正確無誤地了知諸法的究竟實相。因此，聲聞乘無法成就佛陀的正等正覺，他們無法生起了知諸法樣貌和類別的智慧。因此，佛陀說聲聞眾了知諸法是因緣生，但卻不知道實相的樣貌。確切地說，他們還沒有證涅槃。雖然如此，但他們卻以爲自己已經證悟。事實上他們沒有證涅槃。爲什麼？他們還沒有了悟「諸法無我」。

## 成就究竟道

因此，佛陀說，我們不要進入聲聞乘，我們應該成就究竟道。在這種狀況下，如果聲聞不了解諸法的樣貌，而且不能證涅槃，爲什麼佛陀要講聲聞乘？佛陀並沒有教導聲聞乘給那些認爲聲聞是究竟涅槃的眾生。他教導聲聞乘是爲了那些漸悟的眾生，如果他從一開始就教導空性之道，他們將無法直接進入。爲了使他們逐漸進入，他首先教導他們必須要了解這個道並成就它的果。他這樣教導是爲了使得弟子漸進式地了悟諸法的究竟樣態。他是如何教導的？開始，他並沒有教示諸法空性。他教導諸法的實體安立在五蘊上，但是並沒有一個自我存在。他宣說這項教示，是要把弟子提升到較高層次的道上，稱爲大乘。

佛陀的力氣沒有因爲教導聲聞法而用盡，之後，他教導三界一切唯心。也就是說，他也教導唯識學派的信念。從那裡，他讓弟子更進一步進入了悟空性的階段。據此，了悟萬法唯識並沒有了悟諸法的究竟本質。爲什麼？佛陀在《楞伽經》中陳述這個觀點：「有些菩薩了悟一切眾生在三界輪迴中流轉，是唯識所現。這樣就夠了嗎？不，不夠。必須了解是心亦無中邊可得。在開始，心並無生；在結尾，心亦無滅。」生是邊，滅也是邊。在生與滅之間是什麼？是住，它稱爲中。我們會認爲，如果心既無生又無滅，應該是住了，但是它也非住。

心無中邊可得。

這樣的修行如何得清淨？當一個菩薩在開始時生起慈悲心，最後熱切地祈請，願他的道能清淨。即使菩薩爲了眾生而住於輪迴，透過這清淨的願力，輪迴的過患不會玷汙他。不僅如此，菩薩對於實相和六度萬行會很容易而且自然生起。

如果諸法是空相，那麼是誰在修瑜伽行、是誰看到諸法？昨天有人問到這個問題，我在此處作答。如果我們說沒有這麼一個瑜伽士，一般而言，這是事實。在究竟義上，並沒有一個獨立的自我或是瑜伽士，他了悟實相的樣貌或是成佛。沒有一個人看到或是沒看到。不盡然如此。有兩個實相——本質、究竟眞理和它的外相、世俗諦。在世俗義中，只是物體的外相，諸如色法或心法。依據世俗義的外相，我們說：我看到了某人、某人做了什麼事、某人說了什麼話等。我們約定成俗的認定這些事，這種世俗的認定是適當的。

在究竟義上，沒有一法是安立的。但是在世俗義上，有瑜伽士的智慧也有普通人的智慧，世俗諦所教導的事實上是誤導的。因此，佛陀宣說二諦。世俗諦是誤導的，但就它本身的內涵而言是眞實的。勝義諦則完全是眞實的。因此，佛陀宣說二諦。在勝義諦中，沒有成就的果也沒有修行的道，因爲諸法皆空。在世俗諦的範圍，我們必須成就佛果。爲了成就佛果，我們必須要捨棄煩惱。爲了捨棄煩惱，我們必須修行佛道。道有許多：有聲聞乘、獨覺乘、菩薩乘、凡夫乘、佛乘等。

這種區別是因世俗諦而分。如果世俗諦都不存在的話，就不必區分聲聞、獨覺、菩薩、佛和凡夫了。在世俗義中，我們會根據什麼有發生、什麼沒發生去區分什麼是對的、什麼是錯的。簡言之，如果因不存在，果就不存在。例如，兔角即使在世俗義上也是不存在的。當我們以究竟義來論，世俗義所顯現的就非眞實。因此，我們說一切有為法如夢如幻、如回聲。

## 十二因緣

世俗境是如何生起的？它們是透過因緣而生起。就此內容，佛陀談到十二因緣❶。什麼是輪迴的根？「無明」，更確切地說，無知。我們對什麼無知？我們對於實相的眞理無知。不知道實相，使我們誤解。因為誤解的力量導致輪迴的生起。因此，無明是輪迴的根。無明有何作用？它使我們顚倒。它跟著來的是業行，業行是十二因緣的第二支。業行就像完成一項工作，我們完成了無明的工作。無明做些什麼工作？由於無明使我們顚倒，有時我們累積一些善業，這會使我們下一世轉生天道或人道；有時候我們累積一些惡業，會使我們下一世轉

譯註

❶以下討論十二因緣，在第一次出現這十二因緣的名稱時，我會用引號標出。

生三惡道。因此，十二因緣的第二支稱爲「業行」。

十二因緣的第三支是「意識」。不論我累積的是善業或是惡業，透過業行所建立的習氣已經埋藏在意識裡。習氣意指熟悉度，心已經變成習慣了。因爲習氣潛藏在意識裡，當他們做某事的時候會浮現。暫時地，它潛藏在意識中，未來，習氣就會生起，就像會湧現或是站起來一樣。習氣潛藏在意識的狀態——十二因緣的第三支，稱爲意識。

潛藏在意識裡的習氣在後來是如何生起的呢？在來生，前世的身體被拋棄之後，習氣再度延續生起而且緊緊抓住來世的身體。就這一點上，我們談到十二因緣的第四支「名色」。在第四階段，因爲名而有了蘊。受、想、行、識是依名而產生的蘊，以是我有了色。這個色就是我今生的身體。它是由貪愛而來，由於業行的力量透過習氣而生起。這個組合成蘊，稱爲名色，形成今生的起始，是十二因緣的第四支。因爲眼和眼識等六根六識尚未發展完全，我們只有名和色。這是我們處於母親子宮內的期間。

依緣名色，眼、耳、鼻、舌、身、意等「六入」生起，形成十二因緣的第五支。它們有主觀的樣貌。

依緣六入，或是透過六入的力量，與對象產生「觸」。眼睛看到色相，耳朵聽到聲音，鼻子聞到味道等，這是根塵相對的觸。十二因緣中，觸是第六支。

依緣於觸同時生起的是什麼呢？是「受」。有些覺受是好的，有些覺受是壞的。根塵相對的時候，覺受會生起。在十二因緣中，受是第七支。

覺受經驗的過程沒有停止。假使經驗到好的覺受，我們會產生渴望的意愛，會想：「我要。」如果經驗到壞的覺受，我們會產生毀滅的意愛，會想：「我不要，我要毀滅它。」不管哪一種，都是愛渴。「愛」是十二因緣的第八支。它必定會在心中生起。

由於愛渴，跟著來的是「取」。執取不只是愛渴，它比只是心裡想要更進一步。當想到：「我必須成功，我必須成就，我一定要做。」我們就會行動，這個叫做取。由於取，我們又累積了業行。

由於執取累積業行，跟隨而來的是「有」。當習氣累積成業行，再度潛藏在意識中，來生的因就此形成。這元素會帶到來生，會生起來世的五蘊。有是緣於習氣。

跟著有而來的是「生」，它是十二因緣的第十一支。跟著生而來的是「老死」，是十二因緣的第十二支。再生之後，我們繼續在輪迴中流轉。由於輪迴的根——無明，還沒有息滅，它還會再生起。以這樣的方式，我們生生世世流轉不停。從前世到今生，從今生到來世，從來世到未來世。在過程中，沒有間斷地，我們生而再生。這些稱做世俗的有爲法。爲了切斷這種因緣關係的延續，我們應該了悟什麼呢？當我們了悟了實相，無明就消失了。當無明消失以後，業行、意識、名色等自然停止。

如夢如幻、如回聲的有爲法是如何生起的呢？它們是依於十二因緣而生起。停止它們生起的方法是什麼呢？當我們看到實相，十二因緣的持續性就停止了。

今晚談到這兒，有任何問題，請提出來。

## 問答錄

問：如果輪迴是由於因緣而生起，涅槃不必靠因緣，我們如何能從輪迴中解脫而達到涅槃？這好比一個有因生的東西製造出一個無因生的東西一樣，這怎麼可能？同樣地，如果有可能成就全知的話，就好比以有限的東西產生出無限的東西一樣，不是嗎？我們如何以有限的智慧生出無限的智慧？

答：通常，恆常的本質和外相是不同的。究竟是恆常的本質，輪迴是外相。例如，當我們誤認繩子為一條蛇時，會有一個概念想到：「這是一條蛇。」這個概念是錯誤的。因為誤認它是一條蛇，因此恐懼生起。在這種狀況下，蛇是錯誤的，繩子是眞實的。但是如果我們質疑，一顆能理解是蛇的心，如何生起理解是繩子的心？這似乎無意義。然而，理解為蛇是個錯誤，而繩子卻是眞實的。因此，如果我們檢視並分析，可以了解它是繩子，而理解為蛇的心必須捨棄。同樣地，輪迴的外相是錯誤的，它們有其因緣，然而它們是錯誤的。只要我們誤解，我們就無法理解它的究竟本質。

我們也許會懷疑，誤認輪迴的外相如何能生起涅槃，但是，可以的。怎麼做呢？只要明白它的究竟本質。只要明瞭它的究竟本質，誤解就消失。

問：輪迴和涅槃兩者是否一開始就存在？

答：輪迴和涅槃從無始劫以來即存在。涅槃是眞實的，輪迴是誤解的。它們的差別在於一個是眞的一個是假的，但是就時間而論卻無差別。例如，設想我們將一根繩子誤認爲一條蛇，在我們誤認它爲蛇的時候，它仍然是一根繩子，一如之後我們知道眞相時。只是明白眞相的時機不同而已。一開始，當我們誤解繩子爲蛇時，繩子是存在的。之後，當我們知道繩子是繩子的時候，誤解消失了。但自始至終繩子並沒有變。很顯地，差別在於我們沒有了解繩子是繩子。

問：我們有沒有可能現在就了解涅槃？

答：我們現在是不可能體驗涅槃。爲什麼？從客體上論，誤解和究竟本質可以同時存在。例如，當我們誤解繩子爲蛇的時候，繩子的實體沒有改變。然而，從主體來論，它是矛盾的。只要我們沒有改變理解爲蛇的心，理解爲繩子的心就無法生起。同樣地，誤解爲輪迴的心沒有消失，就不可能了解涅槃。

問：概念和非概念的心有何差別？

答：其間有一點不同。非概念的心可以直接看；概念的心檢視分析一個對象，是隱藏在見解之中，無法直接看。例如，眼識和心識是不同的。當心識思考一件事時，它看到的是不清晰的影像，而眼識可以直接看清對象。概念和非概念的差別是非常清楚的。

問：如果我們體驗非概念式的直觀，對於這體驗，我們會感到確定嗎？

答：直觀不必然牽涉到確定。

問：我們如何知道我們不只對空性只有概念式的理解？例如，我看一個東西，並認爲它是空的，我如何知道我不只是假想它是空的？

答：現在，我們不能直接了悟空性。未來，透過禪定的力量我們會看到。例如，現在我們無法用肉眼看到瑪爾巴中心❷。但是如果我們把心念轉向它，心意識可以觀想瑪爾巴中心。稍後，當我們走到那兒，我們就可以直接看到它了。同樣地，現在我們只能觀想空性，我們思考它卻無法直接看到它。稍後，當我們開發出禪定並展現瑜伽直觀的潛力，我們就可以直觀空性。

問：我聽說菩薩的慈悲心是因爲他了悟與眾生的因緣而興起，就好像眾生是我們的母親一樣。這是眞的嗎？一個菩薩的慈悲心是因緣正面意義的經驗？如果是的話，緣起的正面意義和菩薩已經解脫的因緣有何關係？

答：因為諸法因緣生，因緣和空性是不可分別的。我們今晚所討論的十二因緣是因緣的一種特殊形式。它和空性是有關的，當然和緣起也有關。輪迴是如何生起的？因為無明，生起業行；因為業行，生起意識；因為意識，生起名色。因此，輪迴的緣起是諸法緣起中很特殊的情況。

問：從狹隘的觀點來看，這是否意指，更深更廣的緣起就是無明，它也是輪迴緣起的根？

答：緣起和因緣是源於因果之間的關係。例如，與無明之間的關係是什麼？哪個是因，哪個是果？因為無明，所以業行隨之而來。

原註

❷ 創古仁波切談到這棟他在法會期間居住的建築，座落在這次法會演講大廳幾里之遠。

# 第七章

# 如何修習禪定

現在我們要接受殊勝的法，我們都要準備好扮演自己的角色。我是說法者，你們是聽法者。通常，進入佛法的理由是為了使自己證得佛果，並讓一切眾生得到法益，透過殊勝的法與善果結合。因此，首先，我們必須徹底的清淨發心。此處意指，發起為了一切眾生而成佛的意樂。為生起這個意樂，我們誓願：「為了度一切眾生，我要成佛。」這個清淨發心有兩方面：為了眾生的福祉，以及為了眾生的福祉而成佛。為了成佛，我們需要了解法的本質並修行禪定。因此，請以清淨發心聽聞殊勝佛法，並據以修習禪定，了解修行的本旨。

## 瑜伽士與凡夫的差別

就這本中觀學派的修行次第，我已經說明了許多議題。今晚我將談論如何修習禪定。究竟上，諸法都無從安立。但是在世俗義上，業行、因果之間的關係卻是必然無誤的。我們必須確實了解這眞俗二諦的圓融。也就是說，我們要了解：一、世俗諸法的因緣是無誤的；二、空性是究竟眞理。如果了悟空性是究竟眞理，會導致我們蔑視業行的因果，我們就不是走在正道上。如果對業行的因果有信心，卻對究竟眞理無知，認為究竟上一切都是不存在，我們也不是走在正道上。世俗上諸法的存在，並沒有干擾或駁斥它們在究竟上的不存在；而諸法究竟上的不存在並沒有導致妄見，業行在世俗義上仍是存在的。依據世俗義，我們了解空性是究竟的；依究竟空義，我們了解世俗因緣法是無誤的。對此，我們要有信心。

了悟眞俗二諦的人稱爲瑜伽士，沒有了悟的人稱爲凡夫❶。這是兩者的差別。在西藏，瑜伽士稱爲那覺巴（nal jor ba）❷，nal指眞正的本質，jor 意思是「連接」，ba是指做這件事的人。因爲是心連接諸法眞正的本質，jor也有「知道」、「明瞭」的意思。因此，瑜伽士意指心已經明確與諸法本質契合的人。他了悟眞理。

不明白諸法眞正本質的人稱爲凡夫，這又是什麼意思呢？凡夫有個別的行爲、個別的外貌。他們不明白究竟眞理，也不明白諸法世俗諦的樣態。凡夫以各種不同的方式顚倒，因此他們對許多事都是無知的。由於對許多事情的無知，凡夫累積許多不同的業行。個別地，他們誤解了外相；個別地，他們累積了業行；個別地，他們體驗了業行的果報。因此，他們稱爲凡夫。

原註

❶更確切的說法，它應該有點像是「個別的人」。由於和藏文的意思不同，我用了更通俗的英文「凡夫」翻譯，但是語源和詞彙之間的緊密關係卻失去了。

❷「那覺巴」最後一個字母巴（pa），是指男性。至於女性則是在rnal byor後面加一個ma，成為rnal 'byor ma，至於yogini（瑜伽女行者）則是梵文。

# 一切皆空無自性

佛陀在《聖法集經》談到一個魔術師變化出一個幻人。這個幻人歷經許多痛苦，像是病痛、兵刀劫難等，爲了解脫幻人的痛苦，魔術師創造了一些設備爲他工作。雖然他製造了這些設備，但他知道這個幻人並沒有受苦。再者，魔術師對於幻人也不會執著。同樣地，三界——欲界、色界、無色界如夢如幻，只有完全覺悟的人知道。爲了生生世世流轉於三界的輪迴眾生，爲了救度他們脫離苦海，諸佛菩薩創造了一些方法。然而，他們知道所有輪迴眾生都空無自性。

我們必須以這樣的方式禪觀。當我們以這種方式修行，會生起什麼過患？有時候會懈怠，有時候會掉舉。當這些過患生起時，我們要用前述的方法對治以消除，跟隨著教示開發止禪。從這個點出發，當過患消除之後，眞正免於昏沉和掉舉的止禪將會生起。而眞正的觀也將在此同一時刻生起。我們可以同時進入禪定和觀。以此，我們步上眞正的道途。

一開始步入眞正的道，我們必須加強我們的欲求，精進不懈。因爲要強化這個欲求，首先我們開發信心，據此進一步開啓禪定。這些是初學者的基礎。初學者如何修行？初學者必須安住在行爲的基礎上修行。

到目前這個點上，我們所教導的是禪定的修行。也就是說，迄今本論已經教導了初學者開發禪定的方法。接著，本論教導得定的方法。

## 發無上菩提心

安住在平靜的狀態之後，我們從禪定中生起。也就是說我們的身維持安坐，心從禪定中生起。繼續坐在坐墊上，我們開始檢視並分析。以怎樣的方式呢？在禪坐時，首先我們要細思，所有的外相在究竟上畢竟無實，是諸法空相。然而在世俗上，諸法的因果關係還是眞實無誤的。再者，在經中，佛陀已經摧毀了兩種障礙，他擁有萬德莊嚴，他已經超越了斷常兩邊，在禪定中，他以無上智慧觀照並了悟色、受、想、行、識，它們都是無生。然而，因爲色等隱藏在意識之中，幼稚的凡夫無法了解這種空性。相反地，他們強烈的執著世情，由於這種執著於諸法的力量，使他們在輪迴中四處流浪，不知道他們身處何處。當他們流浪時，歷經無邊的痛苦。對於這些眾生，佛陀說，我們應該生起慈悲心。

對一切眾生興起大悲心，我們如是思維：因爲一切眾生在輪迴苦海中流轉，我禪觀實相的本質，透過實證，我成就佛果。成佛之後，我將度一切眾生了悟實相，使他們終止在輪迴苦海中流轉。我們以這樣的方式開發慈悲心。

開發慈悲心之後，我們供養諸佛菩薩，對他們祈求，我們熱切祈請。同樣地，從禪定中生起之後，我們應當透過布施、持戒等累積福慧資糧。在經中，佛陀教導，因爲方便與智慧的結合，我們必須興起大悲心。有了大悲心，如果我們還有持戒、禪定和智慧，我們就可以成佛。

佛陀教導我們必須生起利益一切眾生的無上意樂。我們要意樂幫助一切眾生。以什麼方式達到這樣的目標呢？菩薩必須了悟五蘊皆空。雖然了悟它們都是如幻的，但我們卻不能拋棄如幻的五蘊。爲甚麼？爲了一切眾生，他們還有待佛法的救度。十八界就像是毒蛇一樣。我們必須知道它們是痛苦的根源。雖然必須這樣看待，卻不能拋棄它們。爲了救度一切眾生，必須如此。同樣地，我們必須了解十二處[3]就像是化城一樣。但是我們卻不捨棄這十二處。我們必須了解五蘊就像泡沫一樣，泡沫並無自性，五蘊也無自性。它就像泡沫的堆積一般。我們應該這樣理解它，但不必捨棄它。爲甚麼？未來，我們要成就佛陀的色身。這個色身如同一切色法一樣，虛幻無實，我們知道它空無自性，但我們不捨棄它。相反地，爲了利益一切眾生，他們有待佛法的救度，我們必須成就佛身。同樣地，所有的覺受如同水中泡影一樣。分別就像海市蜃樓，複合的元素就像芭蕉樹，意識就像幻影。我們必須了解五蘊就像這些東西一樣，但我們不捨棄五蘊，爲了一切眾生，我們必須運用五蘊來進一步利益他們。

## 資糧道

因此，我們主要是透過禪定和後得智將法教帶入生活經驗中。我們又如何依靠禪定和後得智穿越佛道呢？如同前面所解釋的，首先透過意樂做善行的努力，它有兩方面：資糧道和加行道。初學者安住在資糧道中，之所以稱爲資糧道是因爲後得的行爲主要包含累積福德資糧，這個資糧要透過布施、持戒等六度萬行來累積。

細究資糧道可以分爲十二道品。剛登上資糧道的初學者，進入的是小資糧道。當我們的禪定進入很微細的狀態，我們達到中資糧道。當禪定增強到非常強大時，我們進入了大資糧道。通常，資糧道分這三個層次。每一個層次可以分爲四道品。首先，小資糧道由四念處所組成：身念處、受念處、心念處、法念處。我們的注意力不動搖，最後我們會了悟四念處——身、受、心、法皆無自性。然而，在世俗境上，行爲和運用在身、受、心、法之間的因果上，則是眞實不虛的關係。因此，在小資糧道上，我們開展四念處。

小資糧道增強之後進入中資糧道。在中資糧道上我們開展什麼呢？我們開展四正斷。四正斷強調行爲和它的結果之間的關係。首先，已生諸不善法悉令斷除。其次，未生諸不善法防令不起。以上兩者使我們捨棄不善法。第三，未生諸善法悉令生起。第四，已生諸善法悉

原註

❸ 十二處，有時是六處，有時是十二處。其中六根是指六個感覺能力：眼、耳、鼻、舌、身、意；加上六塵：色、聲、香、味、觸、法。

令增長圓滿。這是在中資糧道上生起的四正斷。

在大資糧道上我們成就四神足。神通有許多種型態，要了解神足，先要明白神通是來自於禪定成就。因此，四神足主要是禪定成就的四個面向。第一個是「欲三摩地」，我們開發強大的意樂要達到禪定成就，因此發勤精進，稱為「勤三摩地」。依勤三摩地，我們有心穩定禪定，此為「心三摩地」。第四神足是「觀三摩地」。觀有智慧的意思，欲、勤、心則有止靜的意義。觀是指內觀，因為透過檢視和分析實相得到確信和智慧。這些是四神足。因此，資糧道有十二道品，我們以這樣的態度穿越道。

## 加行道

透過欣樂佛法、增上意樂，資糧道逐步成長，所有的善功德慢慢開啓。逐步穿過資糧道後，當三摩地逐漸穩定，我們進入加行道。加行道使我們做好進入見道位的準備，透過直觀見到實相。因此，稱為加行道。

加行道有四位。通常，我們談到外境和內在意識。當我們了悟外境是空性，我們已經達到四加行的第一位「煖」位。因為一個智慧達到頂峰的人，其徵象有如火一般，所以稱做煖。

由於道次第的增強，我們達到「頂」位。這個三摩地的外相已經超越了先前的澄澈。好像達到了悟諸法空相的頂峰，因此稱爲頂。

加行道的第三位是「忍」位。此刻我們不僅了悟外在諸法是空性的，同時也開始了解內在意識也是空性。因爲我們能夠安忍這個對空性的了悟，所以稱做忍。

忍的增長之後進入加行道的第四位「世第一法」。爲甚麼此位稱爲「第一」呢？另有修道和見道，可以直觀實相。透過善行的修道稱爲凡夫道。直觀的見道稱爲菩薩道。加行道的第四道品是所有凡夫道的最上品，凡夫道中無能出其右者，因此稱爲世第一法。此際，我們了悟內在的心識也是空性的。不久之後，見道的智慧就會產生。這個智慧可以直接見到諸法空無自性，可以直觀實相。

## 見道

直接看到實相的眞理稱爲「見道」。此時已經登地進入菩薩道。爲甚麼此位稱爲見道？經過對於實相的推論性禪修，在最後階段就直接看到了。因爲是我們直接看到，所以稱爲見道。也稱爲「登地菩薩」。在菩薩十地之中，這是第一地，稱爲歡喜地。爲甚麼稱爲歡喜地呢？因爲在此刻我們見到實相，這是過去所沒有的經驗。藉著見到實相，我們知道很快就有能力救度眾生，而且有信心我們將毫無困難地成就佛果。因此，在菩薩心中生起極大歡喜，所以初地稱爲歡喜地。

今晚我談到資糧道、加行道、見道。明晚我將接著講修道。如有任何問題，請提出來。

## 問答錄

問：請您再解釋一下魔術師的例子。

答：在那個例子中，一開始，魔術師製造了一個幻人；接著，他努力地想解脫幻人的痛苦。魔術師不認爲幻人是眞正的人，他知道幻人並不會受苦，而且他也知道並不需要努力去解脫幻人的痛苦。然而，魔術師顯示的是解救幻象的層面。同樣地，諸佛菩薩致力於救度眾生脫離苦海，但他們並不認爲眾生是眞實而堅固地安立，他們也不認爲眾生的痛苦在現實中呈現。這是這個例子的意義。

問：我不明白究竟和相對之間如何取得協調。一方面，我們聽到說這個世間是心的反射；另一方面，我們看到的世界是如此眞實而堅固，就像鳥在空中飛一樣。這兩者如何連接？

答：要了解二諦之間的關係，你舉的例子不是很好，我們需要一個更好的例子。例如，誤認一根繩子爲一條蛇。在繩子顯像爲蛇的時候，繩子和蛇是可以共存的。有人會認爲：「它是一條蛇。」事實上，他看到的是一條蛇。當那個人把繩子看成蛇時，有一條蛇在那根繩子上嗎？沒有，一點也沒有。思考一下對象本身：它是一條蛇還是一根繩子？他是百分之百的繩子。那個人看到繩子了嗎？沒有，他看到一條蛇，百分之百的蛇。在這層意義上，蛇和繩子是共存的。由於錯覺隱蔽了繩子，顯出蛇。經過智慧捨棄了誤解之後，蛇就不存在了。如果你用這個例子看待二諦，你就能夠了解兩者之間的關係。

問：究竟上，它既不是繩子也不是蛇，要看你是如何看待它。如果你認爲它是一條蛇，但事實上它是一根繩子。那它到底是繩子還是蛇？

答：在我所描述的情況，對象是一根繩子。那個人看到的是什麼？一條蛇的外相。同樣地，究竟上，空性是對象，主體看到的是僞裝的東西。這就需要解釋了。

問：昨晚您談到聲聞乘和菩薩乘時，您提及獨覺乘。什麼是獨覺乘？他們又是靠什麼了悟的呢？

答：一般而言，所謂的三乘是：聲聞乘、獨覺乘和菩薩乘。然而，大多數時候，獨覺是包含在聲聞裡頭。爲甚麼？首先，他們主要是追求個人的成就。同樣地，當他們禪修時，他們不進入菩薩行，而且他們沒有證悟法無我。因此，獨覺涵蓋在聲聞眾裡。

如果獨覺涵蓋在聲聞眾裡，爲甚麼要把他們分開討論呢？獨覺眾比聲聞眾智慧稍高。他們依靠著前世聽聞佛法，今生不必再聽聞佛法就能解脫。他們降生在孤立的地方，以他們自己的力量，他們到墓地觀看死者的屍體，了悟無常和痛苦。他們認知到白骨是從死亡之中生起，他們了解此生的外相皆是無常。他們反思，這些到最後都會來臨。審愼地檢視此生外相的來源，他們了悟，這些外相從一開始就是緣於無明。了解到無明可以透過無我的認知而捨棄，他們獨自修行。他們最後成就的果就是獨覺。

據說他們了悟外相是空性，但卻沒有體會萬法唯識的道理。他們只了解到外境諸法不實存，在本質上是空性。但他們沒有了解到所有的外相都是心的顯現。他們無法了解八識的外顯發端於意識，他們僅一般性的理解諸法發端於心識，外相並不安立。因此，他們通常包含在聲聞眾裡。

問：「存在」、「外相」、「實相」等字眼是什麼意思？

答：「外貌的樣子」給了事物一個名字。例如，當我們誤認一根繩子爲一條蛇時，這根繩子顯像成一條蛇，蛇是它「外貌的樣子」。雖然我們誤以爲繩子是蛇，但除了一根繩子之外甚麼也沒有。那根繩子是顯現爲蛇「恆常的樣子」。至於存在或不存在，當我們誤認繩子爲蛇時，什麼是存在的？一根繩子。什麼是不存在的？一條蛇。

問：但是在究竟上繩子並不實存。

答：談到繩子和蛇，我已經舉例說明。將這個例子應用在其他事情上，可以說，究竟上，空無一法；但在世俗上，它們存在。然而，世俗義上的諸法在究竟義上並不存在。

問：「存在」這個字有問題嗎？為甚麼說「外相存在」或「空性存在」是錯誤的呢？

答：如果說空性存在，會是個問題。空性是空的，一無所有。如果說外相是存在的，會有個小問題：他們顯像但不存在。

問：「存在」這個字失去意義了，它成爲錯覺的核心了，但那是什麼？

答：你不明白什麼？

問：「顯現」和「存在」之間有何不同？

答：這是我一直在討論的：蛇顯現但不存在；雖然顯現爲一條蛇，事實上是繩子。

問：如果我們了悟諸法空性、心識也是空性之後，我們走在大街上會怎樣？這是怎樣的經驗？

答：當我們看電視時，我們可能看到某人被殺，也看到一個小偷偷黃金。但是，我們不會認爲看到的是眞的。了悟空性之後遊走於人間就像這種情況。沒有憂慮，沒有痛苦。

問：如果諸法是空性，爲甚麼要教導佛法？

答：例如，電視上有顯像，對嗎？它們是空性的，不是嗎？沒有什麼東西。但是，它有二十五個頻道，每一個頻道都顯現不同的東西。爲甚麼？爲甚麼要播放？

問：這些是不是空性的遊戲？

答：哈哈，我想是吧。這些事都是空性，但不是一切眾生都了解。因此，有必要教導佛法。

# 第八章

# 菩薩十地與佛地

爲了聽聞殊勝佛法，我們需要清淨的發心。發心爲了救度一切眾生誓願成佛。激勵自己要成就佛果度一切眾生，但是我們現在沒有能力。因爲現在能力不夠，所以決心要成佛。爲了達到這個目標，我們需要把佛法帶到自己的經驗中。因此，我們現在聽聞佛法。以這樣的方式思維，請激起你的熱望仔細聽。

## 菩薩十地

蓮華戒的《修道次第論》以開啓慈悲心開始，接著發菩提心，最後是透過修行將法教帶入經驗中。在這三者中，我們已經講到第三者，這有兩部分：如何成就這些法教，以及成就的結果。這兩者中，我們講到第二個結果部分。當我們穿過這個次第，我們就進入了凡夫修行道，包括資糧道和加行道。行者接著進入見道和修道位。在修道位的最後階段，行者可以達到完全覺悟的佛果，他已經破除了煩惱障和所知障，擁有一切善功德，超越了存在與平靜的極致，是究竟成就。我們已經思維和說明了資糧道、加行道，以及見道。今晚我要談論行者修道的方式，以及佛果的成就。

一般而言，有凡夫和菩薩兩種人。在遠遠超越凡夫道之後，我們進入登地菩薩。從初地的歡喜地一直到十地的法雲地，這是菩薩的十個次第。要成佛，菩薩必須以漸進的方式逐一穿過這十個次第。

「歡喜地」是十地的第一階，我們如何穿越歡喜地呢？菩薩登上歡喜地之後，看到他過去所從未見到的實相。因此，登地以後稱爲見道。他捨棄什麼呢？菩薩在見道位時捨棄了習以爲常的煩惱障和所知障。接著，他進入修道位。

## 離垢地、發光地

修道位由剩下來的九個次地所組成。在這些次第中菩薩捨棄的是什麼呢？通常，菩薩在修道位上捨棄的是十六種煩惱。哪十六種？第一種是「我見」。其次是兩種「邊見」：常見和斷見。其他還有：「貪」、「瞋」、「慢」以及「無明」。欲界眾生都有這六種煩惱：我見、邊見、貪、瞋、痴、慢。安住在色界和無色界眾生早已降服了瞋恨；暫時地，這些眾生沒有瞋恨心。因此，在色界和無色界只有五種煩惱。欲界六種煩惱加上色界和無色界各五種煩惱，總共有十六種煩惱；這十六種煩惱在修道位時捨棄。修道位捨棄的十六種煩惱可以分爲粗、中、細等不同層次。每一種層次又可再細分爲粗、中、細三種層次。這十六種煩惱的九個層次在修道位中會慢慢捨棄。

當我們穿越十地在後得智階段從事什麼行爲呢？通常，菩薩在每一次第中逐一完成十波羅蜜。在初地特別強調「布施波羅蜜」。爲甚麼？初地菩薩剛開始了悟實相的恆常本質。因爲此一了悟，菩薩不再把自己的福祉當作首要之務。由於對他人的悲心，他的煩惱已經因爲佛法而調伏了，菩薩進一步爲他人的福祉奉獻。因此在十波羅蜜中，布施波羅蜜是首要。

初地和二地有何不同？初地菩薩精通空性和實相的意義，但是他們還有微細犯戒。只要菩薩還有輕微的退轉和微細犯戒，他們就停在初地階段。當他們能捨棄微細犯戒之後，才能進入二地。二地菩薩成就哪些功德呢？因爲二地菩薩不再有微細垢染，他們以「持戒波羅蜜」爲首要，成就眞正而精確的淨戒。因此，二地稱爲「離垢地」。他們如何離垢呢？因爲菩薩已經遠離不淨戒和惡行的染垢，所以是離垢。

菩薩何時從二地登上三地？在二地，菩薩已經捨棄可能會毀壞戒行的微細染垢，但是他們未能進入勝三摩地。同時，當二地菩薩從善友和覺者處聽聞無上勝法時，他們沒有能力將所聞法總持在心。只要他們缺乏這些能力，他們就還停留在二地。當他們生起善功德，能夠進入勝三摩地及聞法總持，他們就登上三地。在第三地，因爲他們能將聽聞的法總持在心，而且完全進入勝三摩地，堪忍諸苦。因此三地菩薩的首要是「安忍波羅蜜」。藉著修行和勝三摩地，能發無量勝智光明，因此第三地稱爲「發光地」。

## 焰慧地、難勝地、現前地

三地菩薩如何登上四地呢？在第三地，菩薩已經能進入勝三摩地，但是他們卻無法進入佛果的清淨道，出入定自在。只要他們缺乏這個能力，他們就停留在第三地。當捨棄這些過患之後就登上第四地。四地菩薩能自在進出三摩地，並以精進力超越缺減身語意分別。因爲他們能精進，四地菩薩於「精進波羅蜜」而得圓滿。由於精進，慧焰能燒盡所有煩惱。以是，第四地稱爲「焰慧地」。

四地菩薩如何登上五地呢？很困難修嗎？四地菩薩能帶著覺醒的功德進入生活經驗而不間斷。如此做來，他們能遠離輪迴而趨向涅槃。但是他們卻無法把方向倒過來趨向輪迴而遠離涅槃。他們沒有方法克制不要成就涅槃以進一步度眾生。只要菩薩缺乏這個能力，他們就停留在四地。當他們習於遠離涅槃而趨向輪迴時，也就是說，他們不致力於成就涅槃，因爲希望能進一步度一切眾生時，他們就登上第五地。這樣的心是極難修習的。從那時起，我們不想成就佛果，也不想捨棄輪迴。因爲是如此難於修習，所以第五地稱爲「難勝地」。五地菩薩以善方便觀察平等，於「禪定波羅蜜」而得圓滿。

五地菩薩繼續極難勝的修習：欣喜輪迴而厭離涅槃。這眞的是非常困難的修行，因爲是如此困難，心中難免憂傷。這憂傷使得他們無法安住在空性、實相的意義，以及無相之中。一般而言，五地菩薩當然是安住在無相之中，但是卻不像六地菩薩以喜悅的方式安住。在解決這個問題之前，他們只能停留在五地之中。當他們捨棄這個過患，能毫無困難地安住於無相之中，就進入第六地。六地菩薩透過緣起觀，依「般若波羅蜜」而得圓滿。因爲智慧現前，而佛的功德也現前。在六地，因爲勝慧已具，能隨轉一切佛法現前。因此，六地稱爲「現前地」。

# 遠行地、不動地

六地菩薩如何登上七地呢?六地菩薩已經成就無相行。但卻無法不間斷地安住於無相之中。只要未能圓滿無相安住,就停留在六地中。當菩薩能不間斷地安住在無相之中時,他就登上七地了。七地菩薩能成就無相行,觀一切相皆如幻化。依「方便波羅蜜」而得圓滿,菩薩無功用地登上八地。因爲與無功用行有關,所以七地稱爲「遠行地」。七地菩薩遠離什麼呢?他們早已遠離有相一段距離。什麼意義呢?捨棄有相之後,他們已經遠離有相而逐漸趨近無功用行,因此七地稱爲遠行地。

七地菩薩能安住於無相之中,且趨近無功用行,但還不能進入無功用方便道。只要他們還不能進入,就停留在七地中。當他們能進入無功用行時,就登上八地。八地菩薩能在不費力氣的同時具足諸功德;因此他們的願望也能不費力氣地同時實現。以是,八地菩薩依「願波羅蜜」而得圓滿,在他們的心中已經無相。他們既不作用也不動,因此八地稱爲「不動地」。

# 善慧地、法雲地

菩薩如何跨越八地登上九地呢？八地菩薩安住於無功用行和無相之中。然而，他們未能分別一切相說法自在。只要他們還不能以這種方式說法，就停留在八地。當他們能說法自在，就登上九地。是什麼使得他們能夠說法自在呢？此位菩薩成就四無礙解❶，透過智慧力達到最勝慧。因爲他們的智慧無礙，在十波羅蜜中依「力波羅蜜」而得圓滿。依此慧力及四無礙解，九地菩薩能說法自在。他們能無瑕地、善巧地教導一切教示，包括法的語義、意義和教義。因爲此地菩薩成就不可思議的最勝智慧，所以九地稱爲「善慧地」。

九地菩薩如何登上十地呢？九地菩薩安住在四無礙解之中，但未能於佛刹會中隨應化現說法利生；此外，他們無法完全展現佛的功德；同時，九地菩薩雖然可以徹底地利益眾生，卻無法做到佛一般的自在圓滿。只要菩薩無法隨應化現說法利生自在圓滿，他們就還停留在九地。當菩薩能隨應化現而且能以佛的方式利益眾生自在圓滿時，就登上十地。以內在來

譯註

❶ 四無礙解指四種自由自在而無所滯礙的理解力及言語表達能力，都以智慧為本，故稱四無礙智。就理解能力言，稱四無礙解；就言語表達能力而言，稱四無礙辯。又此為化度衆生的方法，故亦稱四化法。包括：法無礙解、義無礙解、詞無礙解、辯無礙解。參見《佛光大辭典》，頁1778。

看，十地菩薩和佛地的差別是很大的；但是，外在地，就利益眾生方面，十地菩薩可以展現和佛一般的作爲，說法利生、作諸化事都自在無礙。因此，十地菩薩勝智相應和佛無別。在十波羅蜜中，十地菩薩依「智慧波羅蜜」而得圓滿。以此智慧，能於無邊世界佈大法雲、施甘露雨，所以，十地稱爲「法雲地」。

十地菩薩獲得從初地至十地的無量善功德。在初地，菩薩成就百種十二善功德；在二地，菩薩成就千種十二善功德；在三地，菩薩成就萬種十二善功德。蓮華戒在論中並沒有提及這些功德，因爲，他說如果要描述的話將會花很多篇幅。

十地菩薩已能隨應化現，這個能力使得他能像佛一般影響他人。然而，十地菩薩尚未具足萬德莊嚴，未能於一切所知一切相中獲得無礙智。爲甚麼？佛已經摧毀了愛恨情緒等煩惱障和所知障，而菩薩還沒有。菩薩還有微細的煩惱障和所知障沒有清除。當十地菩薩在最後生起金剛喻定——那是對治微細障礙的法門，最微細的煩惱障和所知障就會清除。因此，十地菩薩若未能生起金剛喻定並摧毀煩惱障和所知障，他就還停留在十地。當他們完全捨棄煩惱障和所知障並於一切相中獲無礙智，他們就成佛了。

## 進入佛地

隨著金剛喻定，菩薩進入佛地。佛的功德是什麼呢？佛的功德是無量無邊的。因此，蓮華戒寫道，像他這樣的人是無法計量佛的功德。但還是可以描述佛地的無瑕以及完全自利利他的功德。藏文中與梵文佛陀同義的字是sang gyay。sang的意思是「清淨」，指無瑕且完全捨棄應該捨棄的：輪迴的過患。gyay意思是「擴展」，指功德和智慧的圓滿。因此，捨棄和了悟說明了佛的功德。以此，流露出的清淨和圓滿功德，成就了自利利他。

佛是如何成就一切勝相和圓滿功德的呢？這是來自法身成就。已經成就萬德莊嚴之後，佛的心就如同殊勝的法，佛的心變成了無上智慧，與實相無二無別，因此稱為法身。法身無瑕能完全利生。

無瑕法身能夠引導弟子獲得究竟成就。我們可以把弟子分為清淨的和不清淨的。就此範圍，諸地菩薩都是清淨的聖弟子。一個成就的佛能夠使聖弟子進入他們尚未成就的道上修行，也能使他們在已成就的道上提升到更高的境界。是什麼使得他能夠如此訓練聖弟子呢？是佛的報身。由於擁有法身，報身能毫不費力、自然地為聖弟子展現。報身是什麼意思呢？有能力成就佛行事業。一個佛需要怎樣的資源呢？佛行事業，它能利益弟子。當佛獲得報身成就時，他就能引導弟子入正道，引導諸地菩薩進入佛地。因此，稱為報身。

不清淨弟子無緣碰到報身佛。對他們來說，依憑著虔敬的祈請、佛的尊貴心、弟子的功德力，佛的化身會出現。佛的化身有三十二相八十種好。例如，思及我們的導師釋迦牟尼佛，他大轉法輪並引導弟子進入正道，使他們得到解脫和全知。他的生命是化身佛的示現。因此，佛地可以透過佛的法、報、化三身來理解。

寫到這個主題，蓮華戒對於中觀學派修行次第初階做個結論，透過寫就此論的功德，虔誠祈請，願眾生能夠成就大智慧。

如有任何問題，請提問。

## 問答錄

問：在把法教帶入生活經驗之前，我們有必要了解個別的障礙嗎？

答：初學者剛進入這些法教，一開始不需要了解必須捨棄的障礙。當在道上慢慢前進時，他們要知道應該捨棄的東西和應該成就的果。否則，既不了解道又不知道果，他們將徘徊迷失。

問：菩薩開展智慧需要了解因緣。那麼菩薩從他們的行爲中能看到果的生起嗎？

答：菩薩的確生起大智慧，但智慧卻是逐漸的增長。他們聽聞佛陀所說的法，以及從此法中所引申的論述。經過聽聞，他們思維並實證這些法語。藉著聞、思、修，智慧慢慢增長。智慧生起之後，菩薩開始了解因緣；了解因緣之後，菩薩逐漸了知因果。然而，這並不意味著從一開始他們就了解因緣和因果的關係。智慧是逐漸增長的。因此，了解因緣也是漸進的。

問：業是不是常圍繞著我們？有沒有可能不經過淨化業而開悟？

答：沒有可能，如果不淨化我們的業是不可能開悟的。但是，當我們穿越菩薩道開始覺悟以後，我們的業會自然清淨。

問：論中說三地菩薩依安忍波羅蜜而得圓滿。菩薩是不是對於更微細的痛苦變得敏感？如果是這樣，要如何使得我們了悟空性？

答：安忍意指致力於開發禪定以及利益一切眾生的能力。安忍能夠無懼地承擔艱困的工作。但是，菩薩的安忍不是指忍受他個人的微細痛苦，因爲從初地到十地菩薩都已經了悟了諸法空相。他們不會計較個人的痛苦，但是當然，他們活生生地看到眾生的痛苦經歷。

問：菩薩如何修行「施與受」以了悟空性？

答：在修行「施與受」時，我們必須了解個人因爲業行而流轉於輪迴的樂與苦。因此我們不能只是取代別人的痛苦或把快樂給他們。但是事情會改變，只是非常慢。修行「施與受」是爲了改變自己的觀念。在某種程度上，我們都是愛自己而不是愛他人。修行施受法是爲了改變這種狀況。透過這種修行，我們變得習慣於愛他人甚於愛自己。

藉著禪修，我們觀想接收他人的痛苦、並把快樂給他人。確信會在心中生起。當確信生起之後，雖然我們無法從眾生身上直接拿走他的痛苦，但是藉著傳授殊勝法和無上道，我們可以慢慢消除他人的痛苦。現在，修行「施與受」成爲一種開發世俗菩提心的方法；至於直接了悟空性的勝義菩提心，要透過世俗菩提心慢慢生起。但是修行「施與受」無法直接了悟空性。

問：當我們看到報身的時候，看到的是什麼？我們觀想本尊是不是有助於看到報身？

答：佛的報身只有清淨聖弟子能看到。我們金剛乘的行者是在這一世中捨棄不清淨的外相，進入清淨地，並在我們的心河之中產生眞正的智慧。我們修行不是爲了看到佛的報身。這是不同的目標。

問：我們如何碰到報身？

答：當我們成就善功德並了悟空性之後，登上初地、二地、三地等，在那種情況下，我們會碰到報身。

問：什麼是報身？我聽說那代表語音界。

答：透過修行大乘道，我們成就了無瑕的自利法身。那成就了究竟果了嗎？還沒有。因爲成佛的目的是利益廣大的眾生，佛所顯示的是能夠利益一切眾生的身體，也就是利他法身。報身是在清淨聖弟子面前示現。化身則是在不清淨的弟子面前化現，目的是進一步利益眾生。

問：初地菩薩所克服的障礙和十地菩薩所克服的障礙有何不同？

答：通常，這可以分爲俱生障礙與後得障礙。例如，我們考量一下自我這個觀念。從無始劫以來透過習氣的力量，很自然的認同「我」。這個觀念是與生俱來的，稱俱生我執。有時，一些人例如我們的心靈導師，可能告訴我們：「你有一個自我。」然後給一些理由支持這個自我的主張。上師接著描述自我：「自我是意識的本質。」或「自我在本質上是物質。」然後，我開始相信是這樣，接著確定有一個自我。這在我的連續心識中建立了一種傾向，雖然事實上沒有一個自我，但是我卻已經先入爲主地認定有一個自我。這種自我的觀念是後得的，稱分別我執。當菩薩登上初地，他們放捨了分別我執及其種子，這樣的話它就不會再生起。這稱作捨棄後得障礙。從二地到九地菩薩，他們捨棄俱生我執。從無始劫以來，我們習慣於思考有一個自我。現在，透過習氣的力量，不必有人教導我們就認定有一個自我，它是自然生起的、與生俱來的，所以稱作俱生。

分別我執可以在一夕之間捨棄，只要見到實相就可以捨棄。俱生我執卻無法透過見道而捨棄。因為他們是透過習氣的力量生起的，必須修行無我❷，嫻熟之後才會捨棄。慢慢地，從粗糙的層次進入最微細的層次，最後捨棄俱生我執。

原註

❷在此，如同其他地方，創古仁波切用兩個類似的藏文強化他的觀點；他說了一句類似「在習氣的道路上透過串習」。

# 第二部

# 《修道次第論》中卷

# 第一章
# 慈悲

首先我要表達，我很高興有這個機會與佛教傳承的弟子討論佛法，感謝你們給我這個機會。

許多高成就者都曾在印度出現。在這些特殊的人物中，那洛巴是最受矚目的成就者。你們的確很幸運能夠在以他爲名的佛學院研修。

## 佛教進入西藏

在西藏國王赤松德貞的邀請下，當時正居住在西藏的印度學者蓮華戒完成了三卷論著，合而爲《中觀學派修道次第論》。就是一般熟知的修道次第上、中、下三卷。在這三卷當中，今天我要開始解釋中卷。

由於靜命大師寂護的努力，佛教被介紹進入西藏並開始興盛。寂護大師入滅後，知名學者和尚摩訶衍從中國到西藏。一般而言，和尚摩訶衍和靜命大師所教的法都一樣是佛法，只是方法不同而已。

哪裡不同呢？和尚摩訶衍認爲靜命大師所教的方法是漸悟，而他的方法則是頓悟。有些弟子認爲應該跟隨靜命大師，有些弟子則認爲應該跟隨和尚摩訶衍。疑慮生起之後，弟子們不知道如何入道以解脫和覺悟。

在這疑惑之間，一些人想起了靜命大師曾經預言，在他死後會有爭議。他最後的意願以及遺囑寫到，未來西藏對佛法產生爭議的時候，藏人最好是從印度邀請他的弟子蓮華戒到西藏。寂護指出，如果邀請蓮華戒來西藏，爭議可以解決。根據寂護的指示，赤松德貞國王邀請蓮華戒到西藏來。

## 平息佛法爭議

來到西藏以後，蓮華戒猶疑是不是要就困擾西藏的問題與和尚摩訶衍辯論。他認為這要看和尚摩訶衍的智慧是不是足以就此問題辯論，他決定測試一下摩訶衍。他們的辯論在桑波河畔進行。蓮華戒站得離岸邊較遠，而摩訶衍站得離岸邊較近。蓮華戒用手杖在自己的頭上繞了三圈，以此他問摩訶衍輪迴三界的因。中國的和尚穿著有長袖的袈裟，摩訶衍將手縮到袈裟的袖子裡，以此回應蓮華戒，輪迴的生起是因為不理解能知和所知的本質。蓮華戒認為摩訶衍是一個有智慧的行者，透過辯論應該可以平息第八世紀西藏的佛法爭議。

不久之後，赤松德貞國王召集所有的官員，蓮華戒在他的右方，摩訶衍在他的左方，宣布雙方進行辯論。國王說他和官員們只是主人，對於佛法的術語並不嫻熟，他們可能聽不懂辯論，也無法辨別辯論結果。因此，辯輸的一方要給勝的一方一個花環，並回到他的國家，留下勝方在西藏統掌法權。兩人都是精通佛法的學者，但是和尚摩訶衍辯輸了，他把花環給了蓮華戒，回到中國。從那一刻起，摩訶衍所教導的傳承就在西藏消失了，而寂護和蓮華戒所教導的傳承就以清淨的樣貌發展。

蓮華戒接著告訴藏人如何把佛法帶入生活經驗中。他跟隨著上師寂護所傳下來的模式，指導藏人修行，他完成了一本論著：《修道次第論》上中下三卷。因爲他推薦我們應該下定決心修行此一法門，所以這本論著是很重要的。

## 成佛的因

中卷是從哪裡開始的呢？蓮華戒強調，他寫這本論著是爲了想修行大乘法的弟子而作。修行佛法的成就就是成佛。成佛是偶然的、不需要因嗎？不，不是的。因是絕對必要的，成佛不能沒有因。爲什麼？在過去，許多宗教在印度興盛過。一些教義主張無因生。他們認爲既無前世也無來生。有些宗教則教導，透過大自在天的恩賜可以成就我們想要的果。他們曾經見證大自在天的仁慈幫助人們成佛。蓮華戒駁斥這些主張，寫下了取決於我們的成佛之因。

蓮華戒駁斥說，如果成佛可以不必透過因，那麼大家早就成佛了。爲什麼？因爲沒有一個眾生喜歡痛苦。每個人都希望快樂幸福。因此，如果眾生不需要因就能成佛的話，大家早就成佛了。同樣地，如果成佛可以依靠他人，像是大自在天，那麼每個人都已經成佛了。爲什麼？大自在天關愛眾生，因爲眾生希望得到快樂幸福，如果大自在天有能力賜與他們成佛，他爲什麼不做？事實上，成佛是有其因緣的，我們之所以還沒有成佛的原因，就是因爲我們不知道該如何修行，也沒有修行的能力。因此，首要的，我們要知道成佛的因。

除了知道因之外，我們要去完成它。而且，我們要正確無誤地完成它。爲什麼？因爲如果我們沒有完成因，就無法成就果。再者，如果我們缺乏正確無誤成就它的能力，果就不可能圓滿。所以，因必須完整無瑕地實踐。

我們如何完整無瑕地聚集成佛的因呢？蓮華戒解釋說，由於妄念，他也無法正確無誤地知道成佛的因。因此，在解說修道次第時，他將依照佛陀的說法，因爲佛陀了知解脫與覺悟的因、如何帶到生活經驗之中、並達到成果，然後解說他曾經修行的道。佛陀教導了什麼？在談論密教主金剛手菩薩時，佛陀教導說，佛性是由慈悲產生❶。

依此，我們知道慈悲是必要的。我們還需要什麼呢？菩提心是行者必備的第二個因。這兩個就足夠了嗎？不盡然。這兩者則需要方便的協助。因此，行者若要成佛必須具備慈悲心和菩提心，以及方便的技巧。依憑著這些，我們就可以成佛。因此，我們必須把這三者帶入生活經驗之中。

原註

❶《蓮華戒大師》，頁74。

# 生起慈悲心

不令人意外地，在《修道次第論》中卷，蓮華戒教導生起慈悲心的方法，接著教導生起菩提心，結論是討論方便的技巧。首先是慈悲心，此處蓮華戒依照佛陀的教示強調慈悲的重要。他引用了佛陀和一名弟子交換意見的例子，弟子問及修行的基本原則。佛陀回答說，修行需要很多的條件，事實上，歸結起來只有一個條件，是什麼呢？慈悲心。因此，菩薩必須從慈悲心起修。

爲什麼菩薩要修大悲心呢？佛陀已經摧毀了兩種障礙，具足萬德莊嚴，超越了輪涅兩邊，圓滿完成了自己的目標。然而，他並沒有安住於涅槃的寂靜狀態，安住涅槃對他自己而言當然是很愉悅，但對他人卻沒有助益。而是，考慮到眾生的福祉，他放棄了只住於寂靜涅槃，因爲這會讓我們有如跳入熊熊烈火的大鐵鍋爐裡一樣。他不會感到高興也沒興趣。什麼事讓他感到愉悅呢？利益一切眾生。因此，慈悲是成佛的因，因爲，沒有慈悲，我們所能成就的只是個人的解脫。

在中卷第一部分，蓮華戒講說開啓慈悲心的方法。一般而言，所有宗教都認爲慈悲是很重要的，佛教認爲慈悲尤其重要，就這一方面來看，所有宗教都是一樣的。再者，這世界上並不是只有宗教認爲慈悲是重要的，通常，世間人也這麼認爲。事實上，每個人都認爲慈悲是重要的，而且大家都有慈悲心。但是佛陀在教導慈悲心的開啓時給予不凡的教示，其間的差別是非常重要的。

## 非凡的慈悲

通常，每個人都有慈悲感，但那是有缺失的。怎麼說呢？因爲我們計量。例如，有些人對人類慈悲，卻不對動物或其他有情眾生慈悲。有些人對動物或其他有情眾生慈悲，卻不對人類慈悲。有些人對人類慈悲，對自己國家的人慈悲，卻不對外國的人慈悲。有些人只對自己的朋友慈悲，不對他人慈悲。似乎，我們在某處畫了一道線，我們對線內的人慈悲，線外的人則不管。我們對某一部分人慈悲，對某部分人則不是。這就是我們有缺失的慈悲。佛陀對此怎麼說？沒有必要畫上那道線，而且也不適當。每個人都需要慈悲，我們可以擴展慈悲心給每一個人。

有缺失的慈悲有什麼過患呢？有個「抓一條魚給一隻狗」的故事。對狗感到慈悲，我們會想：「這隻狗是我的狗，我要給牠東西，我要給牠很多的食物。」爲了餵狗，我們抓一條魚給牠。當我們把魚給狗的時候，我們的慈悲幫助了狗卻傷害了魚。我們對狗感到慈悲，對魚卻沒有，因爲魚處在我們慈悲的範圍圈外，它受到傷害。當我們對某些人慈悲、對某些人卻不慈悲時，爲了我們所關心的人總是會有傷害到其他人的危險。

答：一般而言，如果我們的動機是好的，結果不會是壞的。如果我們的行爲有偏差，這表示動機不純淨。但是，好的動機也可能產生壞的結果。例如，幾分鐘前我們所提到的，我們聚集在此討論佛法，昆蟲卻撲火而亡。是昆蟲飛向燈火，而不是我們促使牠這麼做，對嗎？在這個狀況下，我們的行爲不會產生一個不幸的結果。

問：我懷疑我們是否能眞正慈悲。當然我們會沉溺於無用或愚蠢的事，認爲那可以使我們滿足。但是我們何時會以仁慈的方式自我教育？就我來看，這似乎是對自己刻薄。例如，當弟子們練習施受法時，他們願意承受他人的痛苦，但卻覺得無法提供什麼給別人。

答：我想你所描述的不是對他人缺少慈悲心，而是缺少勇氣。我們傾向於這樣想：「我很壞、我很窮、我很笨。」我會說那是缺乏勇氣，而不是缺乏慈悲心。

問：慈悲和喜悅的進程是怎樣？它們的體驗是什麼？

答：當你愛一個人，你會希望他快樂且具足快樂的因。如果由於你的努力，他具足了快樂及樂因，你會因爲幫助了他而感到喜悅。如果那個人能夠消除他的痛苦及苦因，或雖然無法立即做到，但也能捨棄一點痛苦的因，這樣我們也會因爲幫助他人或是做了一件值得的事而感到喜悅。

問：依據佛法，有什麼事比滅苦更快樂？

答：滅苦難道不是最大的快樂嗎？

問：我不明白的是慈和悲的差別，一個是拔除他人的痛苦，一個是給予他人快樂，兩者有何分別？

答：從一個觀點看，它們並無差別；從另一個觀點看，它們是有點不同。消除痛苦，必須消除它的因；具足快樂，必須具足它的因。某些的因導致滅苦，其他的因導致快樂。因有點不同，果就有點不同。

問：我們如何增長勇氣？

答：依照佛教傳統，勇氣的根源有兩端。第一，要找到安逸和幸運是很困難的，對此禪觀。這牽涉到我們思維人身難得。如果你得到人身，你能夠成就許多動物無法做到的事。思維人身的價值就像是珍寶一樣難得。藉著此一思維，勇氣可以增長。第二，我們思維一切眾生都有佛性，這個本質是一切善德的根源，在我們身上就像是一個種子一樣。當種子成長時，像是勇氣等善德也會跟著成長。如果我們不具足佛性，我們的努力將一無所成。因爲這個種子和因在我們身上，我們可以滋養它，這可以使我們成就一切我們想要成就的事。

# 第二章

# 菩提心與止的因

# 覺悟的戰士

今晚我要談論菩提心。如果我們對於成就他人的福祉與成就自己的福祉一樣熱切——同樣的能力和動機去淨化、修行，一樣的慈悲——而且對一切眾生都有相同的感覺，這就是菩提心的種子。有時我們說到某人有這樣的菩提心，我們稱這個人是覺悟的戰士。意指這個人有勇氣，無所畏懼。他無畏什麼呢？當我們從事菩薩行，菩薩是具有覺悟心的戰士，我們必須幫助許多眾生。如果我們只有一點勇氣，我們會想：「我能夠幫助一百個、一千個、一萬個，甚至十萬個眾生，但是我無法幫助無量無邊的眾生。」這會讓我們氣餒。行菩薩道，當面對這麼多眾生的需求時我們不能氣餒。我們要持續幫助眾生到什麼時候呢？我們必須無畏的行菩薩道，直到輪迴眾生度盡爲止。如果我們這樣想：「我可以花個幾百年、幾千年來幫助眾生，但不可能直到輪迴眾生都度盡爲止。」那將會阻礙而且不適合菩薩行。因爲就算是無限期的工作他也不會氣餒，這樣的人才堪稱覺悟的戰士。

菩提心有幾種？基本上有兩種：世俗菩提心和勝義菩提心。一開始，行者必須先開發世俗菩提心。通常，這種菩提心是清淨而且無量的發心。什麼是清淨的發心呢？慈悲心。慈悲心有兩個特質，首先，由於慈悲，我們關切他人的福祉甚於自己；其次，這個慈悲不是濫慈悲。有時候即使我們發慈悲心要幫助他人，我們自己卻受到傷害。菩提心的慈悲要靠無上智慧成就。無上智慧扮演什麼角色呢？它使我們能夠解脫眾生的煩惱痛苦並給予他們快樂，不只是暫時的，而是決定性的、終究的。

## 從小小開始

開發想要成就無上菩提的動機就稱為菩提心。這個動機觀察一切眾生，並想要為他們成就最大的利益。動機在我們內心中流動，但有龐大的能量和潛力。想想看它對開展佛法所產生的影響力。佛陀的法教傳播到許多地方，透過將法教帶入生活經驗，許多人已經以不可思議的方式獲得成果。再者，藉著利益一切眾生的廣大發心，他們也以不可思議的方式利益他人。這些事從佛陀弘法以來經過大約兩千五百年已廣為人知。這些活動是依據什麼而發生的呢？它是依據佛陀所說的法。佛陀是依據什麼說的法呢？它是從一個普通人開始，他決心要成就無上正等正覺。從那裡開始，他發展，他的法教發展，整個傳承得到發展。如果他沒有決心要成就無上正等正覺，其他的事就不會發生。

這些事就從那小小的開始成長。例如，在《好運經》中佛陀談到他有一世十分貧窮：「以前，當我很窮困的時候……」當佛陀第一次發願要成就無上菩提的時候，內在裡他擁有大智慧與大慈悲，而外在他依舊是一個貧窮的婆羅門。在那時候，如來知道釋迦牟尼佛已經來到世間。這個充滿智慧和慈悲的窮苦婆羅門對如來有強烈的信心，並供養一碗麵給如來。因爲他很窮，沒有其他的東西可以供養。當他送出這謙卑的供養時，他發了一個願：「願我變得和你一樣，有一個和你一樣的身體，和你一樣的事業，和你一樣的名字。」他的菩提心在這小小的動作中生起，而當我們的導師來到這個世間，他實現了前世的願望，成爲釋迦牟尼佛。

就這樣，菩提心是我們究竟快樂的根源，也是其他人究竟快樂的根源。我們必須以了知菩提心的善德開始修行，之後，我們發起成就無上菩提的願望，也就是承諾要度一切眾生。因爲承諾要成就這項事業幫助我們的意欲更加堅定，因此我們要發願。

## 止和觀

慢慢地，成就無上菩提的意欲增長。因爲它的成長，第二種菩提心產生了。稱爲勝義菩提心，是由無上智慧所形成。它的出現是什麼因緣呢？是止和觀，必須依靠這兩項才會產生。

在《解深密經》裡，佛陀說止和觀是最重要的。爲什麼？當聲聞眾成就了他們尋找的目標，那是所謂殺賊的狀態，他們就是靠止、觀成就。當菩薩成就了他們追求的目標，那是非凡的成就，也是靠著止、觀而成就。最後，行者成佛了，摧毀了兩種障礙，具足萬德莊嚴，並超越了兩邊二元的對立。一個佛具足無邊的智慧，無量的善德，以及利益一切眾生的非凡能力。這些也都是藉著止、觀而賦予的成就。

通常，禪定有許多狀態，每一個彼此間都不同。但是所有的都包括在止禪和觀禪之中，我們如何進行呢？我們必須同時開發止禪和觀禪，因爲兩者各有其功能。止禪調伏煩惱。也就是說，一開始煩惱強而有力，藉著止禪的開展，煩惱變得微弱。但是，單靠止禪無法從根摧毀煩惱。要從根摧毀煩惱，需要靠觀，也可以稱做無上智慧。當觀的無上智慧生起，也就能從根摧毀煩惱。

因此，止禪和觀禪都一樣重要。我們應該先開發哪一個呢？止禪。只有止禪就夠了嗎？不夠的。爲什麼？止禪可以稍微的壓制煩惱，但如果眞正的智慧沒有出現，我們只會自滿於止禪而已。況且，止禪無法解脫輪迴的生、老、病、死苦。

我們也會懷疑是否單獨開發觀禪就足夠了呢？不，只靠觀也不能解脫。缺乏止禪的功夫，觀禪無法安定而且心會散亂。沒有止，觀就如風中燭。風中之燭無法提供穩定的、平和的燈光，因爲風會引起燭光的搖晃。同樣地，觀如果沒有止禪的陪伴，它無法穩定且缺乏照亮外境的能力。因此，首先我們要開發止禪，然後開發觀禪。

依靠什麼因可以成就止禪呢？通常，我們需要信心。信心意指有見地的信仰加上內心的力量。在這種情況下，有了信心以後，藉著開法止禪，我們就可以成就善功德。所以我們需要這樣的信心。同樣地，我們需要內心的力量。意指我們自信有成就禪定的能力。當我們有這樣的信心和能力，止禪就可以生起。缺少了它們，止禪就無法生起。因此，首先我們要有信心。

## 修止五要件

蓮華戒在論中談到止時詳列我們要實踐的五項先決條件，以達到禪定成就。首先，我們要「居住在一個適合修習止的地方」。這樣的地方包含幾個層面，不要獨居，要到有善知識的地方，與能讚嘆並修行止的人為伍。其次，要找能指導止的人為伍，他不僅有知識還能教導止。再者，要遠離有惡人侵擾的地方。

要成就止的人必須少欲知足。把修習止當作首要，不從事過多活動，因為會干擾我們手邊的工作。以此，我們減少欲望。而且，我們滿足於修習止，知道它有助於成就。「少欲知足」和「不從事過多的活動」是先決條件中的第二項和第三項，促使我們正確的修習止。

當我們開發止之後，我們放棄很多的活動。也就是說，除了專心禪定，以外的活動都不涉足。如果我們把能量分散到其他活動，禪修無法安定清明。藉著「摒棄其他活動」，我們實踐了第四項禪定的先決條件。

「戒行清淨」是第五項先決條件。戒律似乎意味著很多事都不能做。我們也許把戒律看做是令人不愉快的，戒律的方式似乎狹窄而又拘束的。但事實上不是這樣。佛陀十分善巧，他教導一個平和而放鬆的方法。如果我們跟隨著這個道路，既不會苦也無阻礙，會很容易走過。

## 清涼的解脫

「戒律」在梵文是shila，但是「清涼」更接近shila的字義。清涼可能無法使得那些居住在溫帶氣候的人關心，因爲他們已經適應那樣的地方而且以此爲樂。如果他們居住在印度，他們的感覺將非常不一樣。因爲印度是一個被酷熱肆虐的地方。對印度人而言，涼爽聽起來甜美而愉悅。印度的詩用清涼描述欣喜，用酷熱形容痛苦。爲了指出痛苦的程度，印度詩人會拿它和太陽的酷熱做比較，形容舒適和喜悅，會拿它來和升起的月亮做比較。同樣地，談到戒行帶來的平靜和安適，印度上師稱它爲shila，意思是冷卻、清涼。

梵文中的pratimoksha直接談到我們所論及的焦點。pratimoksha意思是「個別解脫」，也就是說每一個戒律的修行保護我們免於困苦。因此，行者每持守一條戒律等於解脫一個痛苦，持守兩條戒律等於解脫兩個痛苦，持守三條戒律等於解脫三個痛苦。這就是pratimoksha的意義，「個別解脫」意思就是持守個別的戒律得以解脫個別痛苦。

看一看下列戒律的例子，佛陀教導一個行者行爲的核心是不能偷盜。如果我們不多加思維，會以爲偷盜可以帶來快樂。因爲我們可以有更多好用的和享樂的，不偷盜會讓我們停留在貧窮的不幸裡。事實上並不是這樣的。被我們偷的人一定很痛苦，因爲那是他經過努力工作而得到的東西，如今被偷了。而且，也不可能不被發現。大多時候人們都會知道，而我們會擔憂：「他知道了嗎？」如果警察和我們談話，我們會想：「完了，他知道了。」我們將活在恐懼之中，那種痛苦將隨時伴隨我們。如果捨棄偷盜，經過一群警察身旁我們也將無憂無慮。我們對他們無所恐懼，隨他們要去哪裡。

因此，捨棄偷盜，就像是夜晚清涼的空氣紓解了白天難以忍受的酷熱，好像解脫一樣。擴大來看，我想我們可以了解佛教徒戒律的各個層面就好像紓解、清涼、解脫一樣。

## 慢慢修行

或許我們會懷疑是否絕對需要持守佛陀所教導的每一條戒律。不，不需要。佛陀教導兩套戒律標準：一套是給受戒比丘持守的，一套是給在家居士持守的。每個行者依據自己的身分持守適合的戒律。再者，在家居士有五戒，是否五條戒律都要持守呢？不是的。佛陀知道在家居士有許多活動、很多事要做，十分辛苦。在這種情況下，要在家居士持守五戒有點困難，當然是越多越好。如果我們不能持守五戒但能持守四項，那麼我們就持守四戒。如果四戒還是超過我們的能力，我們只能持守三項，那麼就持守三戒。三項如果太困難，兩項也可以。或許我們連兩項也不行只能持守一項，那也很好。行者一項一項持守這些戒律，有些人能嚴守五戒，有些人只能持守一戒。

假設我們在這五戒之中連一戒也不能持守，那將會把我們置於艱困的境地。怎麼辦呢？佛陀設計了兩種方式來觀察我們的持戒：堅定的方式和暫時的方式。當我們堅定地實踐戒律，我們承諾要持續一段很長的時間，通常這意味著終其一生都要守戒。如果我們無法終生守戒，也許我們會選擇一段特別的期間守戒：一年、一個月、一個星期、一天，或只有半天。不管我們能實踐多久，都有益處。

一般而言，我們都只是因前世業行轉世的凡人，因爲我們是凡人，我們不可能立即解脫所有的過患，並具足一切善德。我們有過失，我們沒有很多非凡的特質。因此，我們必須慢慢修行。如果我們慢慢持戒，我們就會得到清涼，那是持戒的結果。以這樣的方式，我們的心變得平靜而放鬆。當我們的心變得平靜而放鬆以後，禪定會慢慢生起。因此，佛陀教導不同的持戒方法。

這些戒律是禪定的基礎。而禪定則是智慧的基礎。佛陀教導八萬四千法門，但是戒、定、慧三學是一切的基礎。而戒則是定、慧的基礎。定是第二項，透過戒，產生定，慧是第三項，跟著定而來。

今晚我們談到止禪，明晚我將要談觀禪。如有疑問，請提問。

## 問答錄

問：您談到減少活動。自從我開始學習佛法以後，我因爲在佛學中心工作變得比以前更忙。而且我們的老師要我們學習茶藝、箭術、花藝，這也讓我很忙。對此，您有何建議？

答：一般而言，我們會建議捨棄忙碌而大量的活動。因爲在法教的背後如果投入太多個人的願望，那將會永無止盡。因爲實際上它們不可能讓人滿足，甚至於欲求會更加強烈。限制我們活動的建議，就是要考量不斷擴大欲望和野心的後果。

佛教團體的工作不同於一般我們所從事爲自己的工作。身爲行者，我們立志行菩薩道。菩薩做些什麼事呢？菩薩主要是做利生事業。假使我決心要利益他人，但我無法眞正做到那麼多，如果佛教團體成長興盛，那麼佛教的教學和啓蒙將會大增。因此，沒有人會建議我們不應該從事利益他人的活動。

如果我們只爲自己的利益而工作，欲望和執著會無止盡增加。那無法達成我們想要利益他人的目標。如果我們只爲自己的利益而做，我們會產生欲望和執著。一個充滿欲望和執著的心，到哪裡都無法安住，想著一件又一件的事情。當爲別人做事時，我們會比平常更有勇氣和仁慈，而非出於欲望和執著。當工作完成之後我們就放下了，不會留下很多散漫的念頭。這樣的工作不會爲禪定帶來障礙。利己和利他兩者之間對於禪定產生的障礙是非常不同的，一個會製造障礙，一個不會。

茶道和箭術也可以作爲增強禪定的方法。當我們坐上坐墊之後，心就安住。仍然有一點幫助。例如，喝茶的時候我們專注在喝茶的動作上。或是射箭的時候我們心無旁騖地射箭。這些練習有助於我們禪定。如果每天吃米飯，這當然可以止飢，但是過一陣子之後就無法享受食物了，所以有時候我們改換麵包、麵條。同樣地，有時候我們坐禪，有時候喝茶，有時候射箭，如果我們以這樣的方式禪修，可能每一種方法都會進展得很順利。

花朵自然成長，它們很美麗，無傷於他人。它們讓人想起柔美、無害，看到美麗的花朵，我們變得平靜而放鬆。在我看來它們與禪定一致並不衝突。

問：我聽說過的是，一開始我們要發願解脫自己的痛苦煩惱，慢慢才有能力去利他。而您卻說，除非發菩提心要利益一切眾生，否則修行無益。您能稍作解釋嗎？

答：因爲我們是凡夫，無法把佛陀所教的法全部修行並從頭開始體驗。身爲初學者，我們也無法把最精要的佛法全部嘗試並精確地修成。因此，有時候要利益自己，但是不必把自己的幸福當作努力的目標，而是要把重點放在利益他人。我們不需要爲成就自我的幸福修行，它會自然而來。但是如果我們不爲利他而修行，我們就不會去做。因此，強調利他是重點。

當我們開始修行時，很容易把自我解脫當作目標，但據此以修，慢慢就會利益他人。但是沒有必要去謀自身的福祉。如果我們重視他人的福祉，自己的福祉會自然而來。

問：我把解脫一切眾生脫離輪迴痛苦當作目標，爲了此目標首先必須在某種程度上自我解脫。這是否意味我們要閉關直到達到某種程度的成就？

答：此處我們必須區別行爲和動機。我們行動是爲了要開發善功德。但是，我們思及：爲了自身的福祉這不是我們行動的理由。我們研讀、禪修的理由是爲了度眾生。了解到如果把這些法教帶入生活經驗中，將對利他有相當大的助益。如果不把這些法教帶入生活經驗之中，我們就無法深而廣的利益他人。因此，我們不會執著於自己的福祉，我們的發心也會變得清淨。藉著清淨發心，我們的行爲也變得清淨。

問：您是說了解他人可以導致了解自己嗎？

答：在詳細談論過有關生起菩提心的利益、以及沒有生起菩提心的缺點之後，月稱菩薩說，事實上已無須多說了。我們需要考慮的是，佛陀以無數生獻身自己利益他人，而我們一介凡夫卻只想著要利益自己。如果我們看一看自己和佛陀的差別，就會了解這整個事情。

問：請多說一點有關世俗菩提心和勝義菩提心的不同。

答：通常，藉著「菩提心」我們了解應該捨棄的過失以及應該擁有的善德。即使是在世俗的內涵裡，想要進一步獲致自身的利益以及想要惱害他人的意圖，都被認爲是過失。捨棄這些過失，我們得到善的功德。特別是慈悲的滋長，不是爲自己，而是因爲利他的願望。爲了利益一切眾生而發願成佛的心，稱爲世俗菩提心。當我們明確地了解到實相的本質，諸法本空之後，內在的智慧開展了。這是我們了解的最終的覺醒。因此，推動我們成佛的願心，稱爲世俗菩提心；而了悟實相開顯智慧的，稱爲勝義菩提心。而後者又導致我們脫離煩惱、開啓智慧。

問：可否多談一些菩薩的誓願，以及受菩薩戒的理由。

答：生起菩提心和受制的菩提心是截然不同的。當完全清淨的發心自然生起時，菩提心就生起了。但是我們對它並不熟悉，雖然清淨發心生起了，但隨後就忘記了，或是和它不協調。這樣的清淨發心既已生起，即使是一次，也很好。但我們停在這兒，因爲菩提心會增長而且變得穩定。也只有當我們承諾去做時才會發生。怎樣做呢？心想：「我不能忘失菩提心，而且要把它帶到更高的層次。」以這樣的態度，我們發願要開展菩提心。做了這個承諾後，我們不會忘失菩提心。然而，因爲我們的心還沒有完全穩定，有時還是會忘失。但是因爲我們做了承諾，過一陣子我們會記起來。因爲這個原因，對於菩提心發願是很重要的而且意味深長的。這樣做有大利益。

問：請您說明誓願的形式有哪些。爲什麼受戒師這麼重要？受戒儀式的重要性何在？

答：一般而言，我們知道菩提心是好的。但是我們沒有清晰地體驗對它完全的承諾。在儀式中，我們找到對承諾清楚的、明確的陳述，那是先前就有的。如果以這個方式進行，我們就能夠確實而完美地完成它。如果不依靠儀式，我們要靠自己的力量去領會。但是自己的力量無法使我們了解過去大師們和專家所知道的每件事。我們會下決定：「以我自己的心，我會信守承諾。」但是同樣深刻的誓願不會產生。如果依靠儀式，我們可以明確地知道我們所做的承諾。這讓我們的心清楚明白。藉著儀式得到的清明要勝於自我承諾的清明。

問：現在我有這樣的觀念了，利益他人就會利益自己。但這樣想，我的發心似乎不夠清淨。可以給我一點建議嗎？

答：知道利益他人就會利益自己，並不會使我們的發心不夠清淨。以眞正清淨的發心利他的確會爲自己帶來福祉。但是，如果我們想：「藉著進一步利益他人，對我來說會更順利。」那麼事情可能就無法對我們這麼順利。因爲我們的發心不清淨，我們的工作也是同樣的情況，會有點虛僞。

問：這就是我擔心的。

問：我認爲在西方，我們修慈悲心是把它當作道德來修，而忘了智慧。您有何看法？

答：在佛教傳統，我們教導的慈悲是有智慧的慈悲。對眾生的慈悲當然是一件好事。它使我們樂於助人。但是如果缺乏智慧，我們只能幫助人一點點。假設我們要給一個窮人一百元，給錢很好，錢可以幫助他。但他慢慢會把錢花光。當他花光之後，仍然和以前一樣窮困，而且更痛苦。出於慈悲心所做的每一件事就是慈悲事業，但是如果缺乏智慧，利益最後會終止或改變。智慧如何幫助？智慧指引正確的道路。憑著智慧我們可以認知痛苦的根源，這個根必須斬斷。憑著智慧我們可以認知快樂的根源，這個根必須滋長。接著，其他人會知道：「這是我快樂的根源；這是我痛苦的根源。」了解了這些之後，他捨棄了該捨棄的，成就了該成就的，達到究竟成果。一旦成就，究竟果就不會消滅。當慈悲有智慧的輔助，就不會退轉也不會錯誤。所以，我們需要的慈悲是有智慧的慈悲。

問：這是否意味智慧比慈悲更重要？

答：智慧沒有比慈悲更重要。缺乏慈悲，只有智慧會造成可怕的威脅。智慧的修行毫無疑問的需要慈悲。然而，沒有智慧，慈悲會走偏，智慧也一樣重要。

慈悲有幾個層面。有些人會想：「我要殺掉我的敵人。」他跑過來跟我說：「我要殺掉那個人，請給我一些毒藥。」如果我對他慈悲給他毒藥，他會去殺他的敵人，這個行爲的結果會導致許多的痛苦。這種慈悲是錯誤的而且愚蠢的。像前面所舉的例子，如果我拿一百元給一個窮人，那沒有錯，但他不會產生很大的利益。如果我們教導他人正道，就會生起很大的利益。慈悲有許多不同的層面，因此，慈悲需要智慧。智慧缺乏慈悲將造成可怕的威脅，因爲它會導致自我傲慢且傷害他人。

問：但是智慧不是了解痛苦和快樂的因嗎？智慧不是清楚而明確的，沒有混淆嗎？爲什麼還會導致傲慢？

答：如果沒有慈悲，我們會想：「別人都不了解痛苦和痛苦的因。他們也不了解快樂和快樂的因。我了解，我很特別。」這樣，智慧就會導致傲慢。

問：您區別慈和悲，慈是願意給予他人快樂和樂因，悲是願意拔除他人的痛苦和苦因。接著您解釋善行是快樂的因，惡行是痛苦的因。捨棄惡行就是善行嗎？當我們捨棄一項特殊的惡行，捨棄本身不就是一個善行嗎？

答：傳統上我們認知有十善行和十不善行❶。十善行中的每一項，我們區分爲單純善行和特殊善行。捨棄了一項特別的不善行，例如殺生或偷盜，等於符合了一項單純善行，就是不殺生和不偷盜。而特殊善行則加上了一個新的元素。例如，除了捨棄殺生之外，我們還護生。有些人可能意圖殺生，但是我們卻保護了他的生命。又如，除了捨棄偷盜的行爲之外，我們還布施。十特殊善行中超越了只是捨棄十不善行。在這層意義上，慈和悲有點不一樣。慈是樂意拔除他人的痛苦和苦因，悲是樂意給予他人快樂和樂因。

問：我不明白在單純善行和特殊善行之間有何不同。即使特殊善行也只是捨棄不善行而已。例如，護生和不殺生之間有何不同？

答：當我們捨棄殺生，我們只是不殺生。除了不殺生，我們無須再多做什麼。只是坐在那兒，不殺生，就夠了。但是護生就要做點事。當我們看到一個有情眾生的生命危

譯註

❶佛言「衆生以十事為善，亦以十事為惡。何等為十？身三、口四、意三。身三者，殺、盜、婬。口四者，兩舌、惡口、妄言、綺語。意三者，嫉、恚、癡。如是十事，不順聖道，名十惡行。是惡若止，名十善行耳。」參見《四十二章經》。

險時，我們會想：「我必須幫助他。」然後我們起而行。又如，捨棄偷盜，我們只要不偷，坐在那兒，不必做任何事，就夠了。但布施，我們必須要付出。

# 第三章
# 培養觀的因

蓮華戒在本論探討的三個主題——慈悲心、菩提心、方便，上次聚會我談到菩提心。菩提心有兩個層次：世俗菩提心和勝義菩提心。上次談到世俗菩提心。要成就勝義菩提心，我們需要禪定，也就是止和觀。而蓮華戒的論著解釋止禪的因和觀禪的因。前面講過了止禪有五個因。今天，我要說明培養觀禪的因。

## 依止善知識

首先，我們要依止一個修行卓越的人，也就是需要一位善知識。爲什麼我們需要一位善知識？通常，我們運用自己的智慧；有時候，如果我們有智慧，可以生活得很好，不必靠善知識。但是開發觀把我們帶入一個全新的領域，那是我們所不熟悉的。我們必須禪觀某個東西藉此捨棄無明。如果沒有一個有經驗的善知識，我們就不可能以正確的方式禪修。因此，我們別無選擇必須依止善知識，此處也就是指修行卓越的人。

岡波巴舉了三個有關我們需要善知識的例子。首先，設想一位旅行者。現今即使我們還沒有走上特定的路途，我們也可以依照地圖和路標走向我們要去的方向。過去，如果我們不曾旅行過，我們就需要一個嚮導，他能夠指引道路。已經走過這條路的人會說：「你必須走這條路。如果走這條路，會平坦得多。如果你走那條路，會很艱困。如果另外走這條路，也會抵達，但會花比較長的時間。如果走這條，你將很快抵達。」缺少這位嚮導，我們可能會犯錯。我們可能會選擇遠路而捨近路；我們也可能選擇崎嶇路而捨棄平坦路。如果我們有一位嚮導，我們就可以不必這麼麻煩地踏上旅途。同樣地，如果有一位善知識，我們為修行所做的努力就不會白費；如果缺少善知識，我們就會有白費力氣的危險。

第二，設想有個人要渡過一條河。穿越這條河我們需要一隻船，為了駕駛這隻船，我們需要一位好的領航員。一個好的領航員會根據經驗知道河的水流與漩渦、河的深淺。缺少了這位領航員，我們很可能被漂走，甚至被淹死。最後，我們無法抵達河的對岸。有一個好的領航員，我們可以輕鬆而安全的過河。同樣地，如果有善知識，我們可以發揮自己，而且我們的努力不會白費在愚蠢而無意義的事情上。

第三，設想一個危險的地方。我們害怕老虎、豹和其他的肉食動物，或是強盜土匪可能威脅我們的安全。當我們穿越這個地方，我們需要一位英勇的朋友，他有全副武裝能帶我們穿過這些危險。有這麼一位朋友作伴，我們可以輕易而安適地避過這些恐怖度過這個地方。缺少了這麼一位朋友，而我們自己也沒有力量，我們可能會被盜匪搶去財物，也可能喪失性命。這是完全有可能的。在這種情況下，我們需要一位有力的、忠誠的保衛者。貪瞋等煩惱就像是盜匪一樣，這些煩惱欺騙我們，搞得我們暈頭轉向。它們誤導我們進入極度的困苦中。當我們有善友，這些煩惱就不會導致傷害。這三個例子說明了善友的重要。

# 善知識的特質

蓮華戒勸告我們依止善知識的重要性。這麼一位善友的特質是什麼呢？蓮華戒認爲這樣的人有四項特質。第一，這個卓越的人必須多聞。也就是說，要依止的善友，他必須了解佛陀所說的經典以及學者的佛法論述。第二，他必須能清楚表達。當一個卓越的人教導弟子時，他要能夠清楚的解釋佛法大意。

第三，卓越的人要有慈悲心，這是非常重要的。一個善友必須博學，但卻不能以爲凌駕他人而傲慢。相反地，他會反思弟子們想要了解而無法理解的法義。他知道必須要讓弟子們理解那些法義，如果缺少了這層理解，弟子們將遭遇更多的困難。認知到有助於弟子們應該理解但卻還沒有了知的法義，善知識會想：「無疑地，他們應該知道這些事。讓他們得到智慧是我的責任，那對他們有益。他們欠缺智慧，必須與慈悲結合。」這是善知識的慈悲心。

第四，一個善知識要能忍受挫折。弟子一開始無法展現大智慧、精進和正確的學習態度。他們不了解佛法的意義，也缺乏進取心。事情就是這樣。當我們解釋佛陀的法教時，弟子們不甚了解我們所說的。在這種情況下，要解釋好幾遍。即使我們一再重複，他們還是不了解，而且無法精進。再者，雖然沒有多少智慧也沒有具足善德，但凡夫驕傲且不知尊重善知識。這是可能發生的。一個卓越的人會持這樣的見解，一開始他的弟子是凡夫，因爲他們是凡夫，所以會被妄念所煩惱、會因障礙而痛苦。以這樣的方式看待事情，他並沒有生氣，他的目標也沒有退卻。一個卓越的善知識必須能夠忍受這些艱苦和挫折的情況。

## 聽聞佛法

多聞是培養觀的第二個因。我們要聽聞什麼呢？通常，我們需要一位上師，它能夠爲我們指示一條解脫的道路。爲了這個傳統，佛陀是一個導師。佛陀說：

> 我教導你們解脫的方法
> 解脫要依靠自己，精進努力。

換言之，佛陀教導讓我們能夠解脫的方法。能不能成功就看我們自己。因此，精進是必須的。在什麼樣的意義下佛陀教導解脫的方法呢？他清楚地辨別何者是該捨棄的、何者是該了知的、何者是要帶入生活經驗的，以及如何帶入。沒有依止佛陀的話語，我們無法透過自己的分析知道這些事情。因此，首先我們要廣泛地聽取佛陀的話語。

在藏傳佛教金剛乘的傳統裡，有許多人聽聞印度和西藏大師所著的論述多過佛陀所說的經典。這讓很多人憂心，他們懷疑爲什麼要這樣做，這毫無意義。事實上，這是有意義的。當佛陀對弟子說法時，他並沒有像我們要著述一樣有計畫。而是，他一次給幾個弟子建議。

佛陀的話開始被這樣集結起來，後來增加到很大的數量。佛陀所說的法並不容易完全理解。因此，博學的人把他的法教依主題組織起來，分門別類，把他個別對弟子的教法整理出次第。他們也對佛法做了論述，讓普通人能輕鬆入門。因此，聽這些論述要比直接聽佛陀所說的經典容易些。然而，聽聞這些論述，和聽聞佛陀所說法並無二致。

## 精要式的指導

有些行者更關切建議和精要式的指導。那是什麼呢？有時候喇嘛或善知識對某個弟子親切一些，會說：「有一些事是你永遠不能做，但這件事無論如何你應該去做。」通常喇嘛的建議是符合佛陀的話和論著所說的。但是，喇嘛並沒有直接引用佛陀的話或是引述論中的語言。但這個建議符合佛陀的話和論著中的教導，這是對個人關愛的建議。通常，上師會以建議來做一個明確的指導，用以採行還是放棄一個特殊的見解、修行、行爲模式。

精要式的指導源於喇嘛指導修行時。例如，一個喇嘛可能會回想起：「我禪修的時候是以這樣這樣的方式。當我這樣做時，產生了這個問題。爲了捨棄過患，我採取這樣這樣的方法，這有幫助。在另一個時候，我嘗試用另外的方法，但沒有效果。」因此，喇嘛多談及個人經驗。這稱爲精要式的指導。

弟子需要聽聞佛陀的經典、學者的論著、善知識的建議以及精要式的指導，如果沒有聽聞這些法教，將無法了解佛道。如果我們不知所以地尋找佛道，可能會錯誤或是迷失。因此，我們要聽從前輩的指導。如果我們聽從，就可以找到正道。聽聞讓我們知道修行道導致解脫。因此，我們要尋找機會聽聞佛法。

## 如理思惟

如理思惟是生起觀的第三個因。我們應如何如理思惟呢？不論我們是否聽聞佛陀所說法、論著、善知識的建議，或精要式的指導，想想：「佛陀這麼說，我必須要照著做。」這不夠的。我們不能只因爲這些話是佛所說，就對佛陀的話生起信心；我們也不能只因爲是佛陀所教導的，就認眞去修行佛道。首先，我們要正確的思維。

佛陀教導他的弟子要檢視他所說的話，就像一個商人檢測黃金的眞實性一樣。在一家商店裡，有人告訴我們：「這是黃金，你應該買下來。」如果沒加檢視就購買可能會上當，我們會被它的外表騙了，事實上它不是金子。因此，首先我們把金子放在火中燒，如果顏色沒改變，它可能是金子。但此時購買還欠考慮，因爲它的內部可能有大瑕疵。爲了防範這個詭計，我們必須謹愼地切割金子，檢視內部的雜質和瑕疵。接著，我們評估黃金的品質，把它磨光。當我們以這三種方式檢視黃金之後，才可以下結論說這黃金是眞的、是無瑕的、是高品質的。此時、唯有此時才可以購買。

同樣地，只相信佛陀所說的話是不夠的。我們必須去分析對我們的指導。是什麼理由支持它們？它們的目的是什麼？我們必須好好思量所有的事。用我們的心，知道佛陀教導了一個特別的法，我們必須確知它的必要性。透過檢視，我們知道經過實際的運用會有利益。所以，我們必須廣泛地思維。

如理思惟之後，我們釋疑。也就是說，我們要思維直到確信爲止。只要還有疑慮，就會迷失在叉路上。因此，我們要如理思惟。

## 禪坐的要領

當這三個先決的條件完成時，也就是說，當我們依止善知識、多方聽聞佛法、如理思惟之後，才是禪修的時候。接著蓮華戒談到修行的各種方法。乍看之下，它們似乎是次要且無關緊要的。事實上，這些教法意味深長。首先，蓮華戒建議當我們禪坐時，必須把其他的事擱置一邊。如果我們不斷想著工作，我們將無法安坐。如果停止雜想，我們就不會擔憂。在坐下之前，先去盥洗。否則，我們的注意力無法靜止。在禪修之初要發心，禪修是爲了一切眾生。禪修會得成果，一旦成就則可以利益眾生。換言之，我們建立菩提心作爲禪修的理由。

以這樣的發心，我們以信心和虔敬禮敬十方三世諸佛菩薩。我們以「五體投地」來禮拜。首先，雙手合十，接著以手碰觸身體的三個地方，頭部、喉部和心間。這個姿勢是以身、口、意表達對三寶的信心和敬意。頭、雙掌、雙膝形成「五體」，置於地上，我們禮拜。這是什麼意義呢？以這樣的方式碰地，我們說：「我已經捨棄傲慢並敬重三寶。」

我們也可以置放佛像在面前。作爲信心與虔敬的象徵，我們供養、唱誦、懺悔業障、迴向。坐在舒適的坐墊，我們盤腿，可以採蓮花坐或是散坐。

我們不睜大眼睛，也不閉眼，而是微張地直視前方。身體坐直，不前傾也不後仰。確定我們的肩膀不是一邊高一邊低。以這樣的方式我們坐直不動。唇和齒保持平常的樣子，牙齒不受壓迫，舌尖抵住上顎，嘴巴也不張開。我們柔和、緩慢、無聲地呼吸。這是有關禪修坐姿的要領。

## 心存喜悅期望

如果要禪修得好，不僅要調身，更要調心。已經確立了提昇止觀的條件之後，我們開始開發止禪。在提昇止禪的諸多因素中，熱望和喜悅扮演最重要的角色。爲了生起止禪，我們要心存喜悅並熱切期望。如果我們希望得到定，當機會來時會生起很大的喜悅。透過這個喜悅的力量，我們的心將很自然地安定下來。熱望和喜悅會使我們的心產生某種程度的自主。缺少了它們，我們的心會粗糙而固執，無法關注到任何障礙。

當我們禪修時，我們的心要繫於一緣上。一開始我們選擇一個東西當觀照對象，例如身心五蘊。我們可以觀照身的覺受、心的覺受、呼吸的覺受，或其他類似的東西。觀照它們，把心放在這個所緣上。也可以放一個清淨的所緣在面前，例如佛像。或者我們可以觀想佛像禪修。如果我們選擇以這樣的方式禪修，可以根據《三摩地王經》的指導，它指引菩薩以金色的佛身爲所緣，對它禪觀❶。

以這樣的方式禪修，使心進入平靜狀態。此時，過患可能生起。偶而，我們看著自心並問是否處於平靜狀態。如果是，那麼我們以這種方式繼續禪修。如果不是，那麼自問：「我是否禪觀得很好？昏沉和掉舉生起了嗎？這是散亂嗎？雜念擴增了嗎？」

## 對治昏沉掉舉

昏沉可能淹沒我們。昏沉的時候，我們的心沉重而不明，最後就陷入瞌睡。當我們認出懈怠和昏沉的時候該怎麼辦呢？我們生起喜悅。我們觀想佛身光明的外表，這可以驅散昏沉。

什麼是昏沉？當昏沉生起時，心的感覺是什麼？蓮華戒在本論中舉了幾個例子說明，使初學者能認知昏沉。首先，昏沉就像瞎了一般。當我們的心鬆懈以後，就好像我們的眼睛瞎了。第二，昏沉就像是住在黑暗中一般。當我們的心鬆懈以後，就好像被黑暗包圍。第三，昏沉就像是眼睛已經閉起來了一樣。當我們的心鬆懈以後，就好像眼睛閉上了。一顆昏沉的心不可能看清所緣，因爲昏沉像一個黑洞。當昏沉生起時，首先要認知它，接著要用方法驅散它。

掉舉是第二個過患。掉舉是如何生起的呢？首先，我可能眼睛看到或耳朵聽到什麼東西，接著我會想：「這是好的。」或「這是不好的。」例如，現在坐在這兒禪修，我可能看到綁燈的繩子，接著我會想這根繩子的品質是好的還是不好的。跟隨著這些念頭，心會變得興奮。第二，看到一個東西可能使我想起其他的事。今天看到的事可能激使我想起昨天看到的事，或是過去曾經去過的地方。例如，看到此處照耀的燈光，可能使我們思及其他地方的黯淡。接著，我又開始想發動這燈的機器值多少錢等。我的心再度興奮起來。第三，由於想起以前的經驗，我的心變得興奮。我想起去過的公園，或去看過的一場秀，或到一個難忘的地方。回憶的時候，感到愉快而得意洋洋，我繼續想著那些經驗，心變得興奮。例如，我可能想起紐約之旅、中央公園的野餐、從大廈頂端眺望城市的美麗景觀等。

這是描述三種可能使我們的心變得興奮的方式。有時候，即使掉舉還沒有生起，但已經

譯註

❶身體好似金色，是這個世界的保護者：菩薩的心安住在觀照的對象上，稱做「禪定」。

察覺興奮生起的危險性。此時有必要採取對治之方以防止掉舉的生起。

當發現心已經變得興奮或即將興奮時，我們該如何對治呢？禪觀無常能幫助我們的心放鬆。同樣地，我們也可以禪觀苦苦、壞苦、行苦。這有助於我們想起輪迴並沒有那麼的美好。當我們禪觀痛苦以及輪迴的無益時，會變得有點悲傷。使心傷感的事能平靜散亂。

## 正念與正知

正念與正知在調伏昏沉和掉舉中扮演重要的角色。正念和正知像一條繩子，我們的心如大象。如同把大象栓在一根樹幹上一般，正念和正知可以調伏我們的心。

當我們學會運用這些技巧，昏沉和掉舉消退了，禪修進行得順利。我們的心進入自然的狀態。當心不昏沉、不掉舉時，禪修會很順利，我們的心稍微放鬆了一點。一開始，必須把心和正念正知連結得很好。接著，正念正知運作純熟後，在平靜之中放鬆，這對心而言是自然的。如果太緊，會產生問題。讓心在平靜中放鬆，盡可能持久地安住。

以這種方式開發止，直到我們嫻熟。當熟練之後，身體會生起幸福感，因爲已經徹底淨化。只要安住在禪定時，心就能輕安，因爲心也已經得到淨化。身心都得到淨化代表已經得到止禪。止禪也表示心已經能夠自主了。在止禪之下，我們還要開展觀禪。觀的部分，今晚再談。有任何問題，請提問。

## 問答錄

問：除了用大禮拜對治傲慢之外，還有別的方法嗎？

答：有許多對治傲慢的方法，就像對治煩惱一樣。我們可以觀想傲慢的過患、傲慢的缺失，以及捨棄傲慢的利益。而且，如果聽聞佛菩薩和聖者成就的故事，我們會思維：「我並沒有這樣的善功德，不是嗎？」這也可以削弱我們的慢心。在大禮拜的修行中，傲慢的捨棄是透過身體的姿勢，對調伏我們的心也有幫助。

問：您已經談過關心他人的重要性。我小時曾被教導，而且被濫用了，所以有時候我寧可關心自己。有一段時間我很難去關心別人，有一段時間我很痛苦，因爲我只想關心自己。

答：首先我們要修心。有人說：「我必須要利益他人，那是佛教徒應該做的。因此，我要開發慈心，我要開發悲心。」然後我們就到寺廟去禪修，但這是沒有意義的。也有人說：「我們要把別人擺第一。」但是如果把利他放在開啓慈悲心的前面，這種情況是危險的。利他必須經過修慈悲之後的自然展現。如果我們一下就投入利他的工作，我們可能會憂傷。我們該怎麼做？首先我們要修慈心和悲心，斬斷束縛我們的繩索。慈悲的力量會引導我們利他，那時既不危險也不覺艱苦。

問：我們每天從事日常活動，如何能在當下把強烈的欲望和憤怒轉化爲慈悲？

答：佛教徒視「因」爲最重要的。要在片刻間壓制像是憤怒一般的煩惱情緒是很困難。首先，我們要依靠正念和正知。也就是說，一開始怒氣還沒生起的時候，要有正念和正知。此外，在日常生活中，要思量瞋恨和其他煩惱的過患。如果我們有強烈的意願對煩惱要秉持正念，慢慢就會縮短距離。當類似瞋恨等煩惱生起的時候，可以立即降伏它。

因此，不斷自我檢視。我將知道，在某種情況下我可能會因暴怒而陷入危險之境；我將知道，如果我對某事生小氣，若不去照顧它，這股氣會慢慢增強直到暴怒生起。我也知道，小小的欲望會增強成爲大的欲望。我也知道，這些煩惱情緒在生起前潛伏很久。如果一開始依靠正念和正知，煩惱就不會生起或增強。如果一開始就依靠正念和正知，我們就可以淨化煩惱並保護自己。

岡波巴對此有說法。他說，像我們這樣的初學者，要逃避煩惱而不是與它對抗。當我們意識到煩惱生起時，就是我們提起正念正知的時候，如此煩惱就不會生起。對初學者來說，當煩惱生起以後才要來對抗，已經來不及了。就此點而言，對抗是沒有用的。

問：有沒有辦法偷取煩惱的能量灌注到慈悲上，而不必去壓制它？

答：我不太明白你的問題。煩惱和慈悲是不同類的。當我們了解煩惱的過患以後，它們的力量會削弱。當我們清楚地明瞭慈悲的善德，慈悲的力量就增強。我不明白從煩惱拿走某些東西的意義。

問：就「他人」而言，有很多的等級：有我們感覺特別親近的人，像是我們的兒女和孫子女；有我們覺得不是那麼親的人，像是朋友；有許多我們不認識的人。我們如何決定哪些人該幫助、哪些人不該幫助？身爲父親和母親，對這問題的答案有不同嗎？身爲男人和女人，對這答案又有不同嗎？

答：我想我們應該考慮時機。就我個人而言，我認爲兒童最需要我們的幫助。其他親近我們的人可以照顧自己。小孩子沒有足夠的智慧和經驗照顧自己。在某種意義上，那使得他們失去庇祐和保護。誰來照顧他們？他們的父親和母親應該做。如果他們的父母沒有照顧他們，有誰可以取代？因此，父母親以愛來照顧他們的孩子就格外重要。

兒童期是非常重要的，因爲這段期間是整個人生的根源。如果兒童期成長良好，也就是說，如果他受到良好的教養，他一生都會順利。如果兒童期出了一些事，他的餘生可能會有困難。因此，父母以愛照顧孩子是格外重要。至於父母的責任，我認爲應該共同分擔。

問：您提到有不同的方法開發止禪，我想知道，如果不依靠一緣要如何開發止禪？

答：止禪並非靠觀照一緣。不過我們必須從繫心一緣開始，例如觀照呼吸。當我們慢慢習慣這種禪修方式，我們就能夠不必靠繫心一緣來禪修。當我們不靠所緣又覺得禪修有困難時，我們再回到繫心一緣上。慢慢地，我們就可以捨棄所緣讓心安止。

問：我們如何不靠所緣禪修？

答：止禪通常觀照一個所緣，沒有所緣的時候，心自然而放鬆地安住。我們說：「不要回憶過去也不要追逐未來。」換言之，不要想過去做過的事，也不要想未來要做的事。只有當下的意識，極短暫的當下。直接地，以清明的智慧和了知安住在當下。如果秉持正念和正知，心就如如不動。

問：如如不動會不會是個問題？

答：心如果變得昏沉就有危險，有時候會這樣。如蓮華戒所建議，我們必須注意心有沒有變得昏沉。如果有，就要用適當的方法去消除。

# 第四章
# 人無我

我們已經討論過止禪的因和觀禪的因，以及開發止禪的方法。現在我們要討論如何開發觀禪。

## 止禪加上智慧

什麼是觀禪？觀禪是在止禪上加了智慧。這個智慧看到現象的本質，他們眞正安住的樣子。最好的狀態是，智慧以直觀了知諸法的本質。在觀成就之前，我們先以理性檢視和分析，如此我們可以對諸法本質有比較正確的了解。慢慢地，我們達到直觀。當太陽照耀的時候，黑暗就消失了。同樣地，當觀出現曙光時，無明和昏暗就消失了。這是觀禪的重要性。

止讓心安住，但卻無法生起智慧。只有智慧能消除昏暗，智慧只有在觀面前才能生起。因此，開發觀非常重要。我們會想：「我已經很順利地成就止禪，這已經夠了。」事實上，光有止禪是不夠的。因此，成就了止禪之後，我們要繼續尋找智慧和觀。

如何開發觀禪？通常有兩種方法，一是經典所教導的，一是密續所教導的。在經典裡，我們是透過推論來開發觀禪。首先，我們檢視分析，因此這個分析式的禪觀，稱做思惟修。透過檢視，我們生起確信，認爲：「就像這樣。」這種確信作爲禪修智慧的平台或媒介。密續的修行方式不同，就此而論，我們安住在平靜之中，並直觀心性的本質。這種方式我們稱爲專注修。大部分我們都是修行密續，但蓮華戒的本論卻是經典教法，他強調的是思惟修。

## 思惟修

思惟修有兩個階段：禪觀人無我和法無我。因爲無我是佛教徒的基本見解，佛教徒認爲這非常重要。

佛教徒認爲有前世、今生和來世，又說無我。對初學者來說，這兩種陳述似乎是矛盾的。如果無我，是誰從前世轉生到這裡的？如果無我，從今生轉到來世的又是誰？另一方面，如果有前世，怎麼可以說是無我呢？對初學者而言，無我似乎與前世和來生的延續相矛盾。由於無始劫以來的習氣，我們會認爲：「當然有一個我，我就在這兒，不是嗎？」我們很自然的這樣以爲。因此，無我的教義非常重要。

無我的重要性何在？爲了成佛我們要捨棄煩惱。什麼是煩惱？貪、瞋、痴、慢、疑，稱爲五毒，是根本煩惱。如果捨棄這些煩惱是必須的，那麼我們要如何捨棄它們？我們可能下決心：「我不要瞋恨，我將捨棄瞋恨。」但只是這樣無法讓我們捨棄瞋恨。而且，即使我們下定決心：「我要捨棄貪欲，我不再貪欲。」只有這個意願不足以根除貪欲。我們該怎麼做呢？佛陀思及此說道：「貪瞋等煩惱的根源是什麼呢？」以瞋恨爲例，我們會想：「這傷害了我。」因此，瞋恨因爲我的觀念而滋長，它的根源是我執。以貪欲爲例，我們會想：「我要這個。」貪欲因爲我的觀念而滋長，它的根源是我執。同樣地，以傲慢爲例，我們會認爲：「我比其他人優秀。」傲慢也是源於我執。以忌妒爲例，我們會想：「這傢伙勝過我。」忌妒也是源於我執。以疑惑爲例，我們會想：「我不知道這個。」這種疑惑也是根源於我執。因此，捨棄煩惱首先必須摧毀我執，因爲它是一切煩惱的根源。沒有粉碎我執是不可能斬斷煩惱的。

煩惱因爲我執而滋長，如果能捨棄我執，所有的煩惱自然捨棄。如果我執無法捨棄，煩惱也無法捨棄。我們要用什麼方法捨棄我執呢？只是想：「我不會執持一個我，我不會認爲五蘊是我。」這無法讓我們捨棄我執。在這點上我們很幸運。如果尋找我執的根源，觀照的對象不會只是一個。

## 我有與我所有

我執有兩個層面：「有我」的觀念，以及「我所有」的觀念。想到「我」，在極大程度上，會設想有一個我的東西。同樣地，想到「我的」，會設想那是屬於我的東西。例如：「我的衣服」、「我的房子」。首先，我們承認「我所有」的對象並不存在。但是一想到屬於我們的東西，就產生強烈的執著。然而，我們尋找被視爲我所有的東西，它並不存在。例如，我可能設想這隻手錶是「我的錶」，的確有一隻錶，但卻沒有一隻「我的錶」。

假設我走進一家商店，當我在那兒時，有個人掉了一隻手錶，當錶掉到地上時摔破了。

看到此，我會想：「有人掉了一隻錶，摔壞了。」對於這起事件我不會感到特別難過。但如果是某人把我的錶摔在地上，我會想：「喔，我的錶被摔壞了。」我會感到難過。或是，如果我認爲是這個人把我的錶摔在地上，我會對他生氣。爲什麼？這是什麼原因？我的情緒是從哪裡增長的？我的不快是因爲想到這隻錶是我的。因此，瞋恨心增強。只要想到是屬於我的東西，痛苦就滋長。

引發痛苦的「我所有」在哪裡呢？尋找看看，「我的」和手錶是完整一體的嗎？「我的」和手錶是不同的實體嗎？「我的」是呈現在手錶裡面嗎？還是呈現在手錶的外面？不，「我的」既不呈現在手錶裡，也不呈現在手錶外，更不呈現在手錶內外之間。被搞迷糊了，我不過是想有隻錶是我的。

我們會認爲「我的」是呈現外在的事物。例如，我們說：「我的眼鏡，我的衣服，我的手錶。」我們對所有的東西加上「我的」。事實上，那只是一副眼鏡，不是「我的眼鏡」；那是衣服，但不是「我的衣服」。至於這個抽象的「我的」，它在哪裡？

這不難理解，但「我」又怎麼辦呢？因爲它眞的存在，不是嗎？我們會這樣想：「我的身體在，我的心在，這表示我存在。」似乎是這樣，但是當我們檢視分析之後，找不到「我」的存在。爲什麼？佛陀談到五蘊，色、受、想、行、識。「蘊」意指聚合的事物。許多東西聚合在一起，好像什麼都不是。在這一點上，「蘊」意指沒有核心的虛構物，沒有什麼東西在其中。

# 五蘊不是我

五蘊中的第一類組合是色蘊。什麼是色蘊？我們會這樣想：「我的身體在，這意味著我存在。」然而，我們的色身是由許多東西聚合而成。頭是頭、臂是臂、腿是腿。身體是由許多東西組成，它不是只有一個東西。頭是我嗎？手臂是我嗎？腿是我嗎？哪個才是我？都不是。頭是頭、臂是臂、腿是腿。它們都不是我。沒有一個器官可以被視爲我。

當然，對我來說這個身體從出生一直要帶到死亡。然而，即使是色蘊也會隨著時間而改變。例如，一個嬰兒出生時多重？只有幾磅，對不對？慢慢地，身體轉變了，走路的方式也不一樣了。幾歲的小孩和嬰兒有顯著的不同。這兩者絕非同一個。當小孩長大成爲年輕人或年輕女孩，他或她的身體在各方面包括體型、姿態和小孩時都不一樣。我們會想：「我曾經是小孩，我曾經年輕，我現在已經變老了，當然這些都是同一個我。」但他們完全不是同一個。我們會認爲他們是同一個，但是他們在體型、姿態、膚色各方面都不一樣。我們把人的嬰兒、小孩、青年、成年、老年都混在一起，認爲色蘊隨著時間延續。如果你看一下這個人嬰兒、年輕、成年、老年時的照片，假使有人問你：「這是誰？」你會怎麼回答：「難倒我了，誰知道呢？」

因此，自我不是呈現在色蘊上。色蘊不是我，但是我們有身和心，有人可能會認爲心就是我了。但心不比身更適合被認爲是我。有時感覺呈現在心裡：快樂的感覺（樂受）、痛苦的感覺（苦受）、不苦不樂的感覺（捨受）。這些感受是五蘊中的第二類組合。想蘊和行蘊是第三、第四類組合。說到覺受，樂受變成苦受，苦受變成捨受，捨受又變成苦受。覺受隨時改變，有時候經年、有時一個月、一天、甚至一小時之內。覺受怎麼可能是我？同樣地，想蘊和行蘊也隨時改變。

識蘊又如何呢？識蘊之中有許多意識：眼識、耳識、鼻識、舌識、身識、心識。哪一識是我呢？根本就無從辨知是我。再者，意識在瞬間生起瞬間蛻變。念頭在我們注意到它之前生起，在同時之間消失，接著另一個念頭又生起。如果那就是所謂的自我，我們會說自我是瞬息萬變的，而且也沒有一個自我是從前世來、又到來世去的。或許只有意識的連續，但沒有自我。

## 身心沒有自我

再檢視一生以來心的特質。一個嬰兒知道多少事？嬰兒知道如何吃飯喝茶嗎？大多不知道。他們知道如何吃奶，如此而已。當他們長大以後，知道如何遊戲，但他們還不知道讀書寫字。之後，他們學會讀書寫字，慢慢變得很有學養。這些生命中的階段彼此間是不同的。我們會想：「我的心一直都是它自己，那就是我。」但我們的心沒有一成不變。嬰兒時期、孩童、青年和老年時期的心是不同的，他們的特性不同，他們的知識和才智不同，他們發揮的程度不同。我們會想，我們內心的意識是終生延續不變的，我們將它認做是「我」。想到生命中的某一時刻，我們會說：「沒錯，那是我。」但是後來發生的改變，沒有什麼東西能眞正持續不變的。

因此在身和心都沒有自我。當我們認知自我不存在時，我執的觀念自然退卻。我執觀念退卻之後，煩惱自然停止。爲什麼？所有的煩惱都源於我執。有些人會懷疑：「當我檢視分析自我，我了解沒有一個我。即使如此，我也無法消除我執。我了解無我，但無法去除我執，也無法去除煩惱。」爲什麼這樣？因爲我執已經成爲習氣。從無始劫以來，我們就想像有一個自我，因爲我們已經習慣了這樣的思考方式，一點點對於無我的了解不足以立刻消除我執習氣。因此，在了解無我之後，我們必須在禪修中串習它。因爲我們已經太習慣於自我，所以現在要讓了解無我成爲習慣。

## 前世今生無我

佛教徒說前世先於今生，今生引導來世。如果無我，那麼是誰從前世來到今生？如果無我，又是誰從今生去到來世？事實上，前世已經先於今生，來世將隨著今生而來。而且，當然，我們親眼見到今生就在眼前。但是，在每一世中並沒有自我的呈現。如果有自我，就不可能有前世。就是因爲無我，五蘊之流才會慢慢改變。從嬰兒到青春期的改變是否牽涉到自我的改變？不，色蘊的成長較大，心識的體驗增加了。因此，一個孩童成長爲青年，但是並沒有一個自我從嬰兒成長到青年。同樣地，有一個自我從前世來到今生嗎？沒有，只有識蘊從前世延續到今生，識蘊的延續也會帶到來生。

設想一條大河，它是從哪兒流下來的？它是從雪山流下來的。它會流到哪裡去呢？它會流向大海。在雪山和大海之間有很長的里程。從山上奔流而下的河流不只是單一的東西，許多的水滴分別流瀉而下。但是，我們認爲所有的水滴只是一條河，而且我們說：從雪山流下來的河，要流向大海的河。事實上，每一顆水滴都是個別的流動。他們不是在同一時間集體流下。但是，我們卻說：有一條河，從雪山流下，流向大海。事實上，是有許多東西在雪山上匯聚而成、流瀉而下。同樣地，我們的五蘊，是由許多東西在前世匯聚而成、走向來生。

一開始，我們以理性分析無我，之後我們了解了人無我，我們對此禪修。當人無我變得很清楚的時候，五蘊是我的觀念就會捨棄，所有的煩惱也就自然消除。爲什麼？所有的煩惱都根源於我執。看到自我並不存在以後，就看到了悟的目標——佛陀教導的人無我。

我們如何了解人無我呢？月稱大師用馬車的例子來說明。由於有馬車的運載，我們可以東奔西跑。但如果我們細心檢視，哪有一輛叫馬車的東西？輪子是馬車嗎？輪軸是馬車嗎？駕駛站立的位置是馬車嗎？不，輪子是輪子、輪軸是輪軸、駕駛站立的地方就是木板，沒再多的了。馬車的每一部分也只是個別的零件而已，沒有一件是馬車。個別分開的零件是馬車嗎？一點也不。這些零件的形狀呢？是馬車嗎？馬車的外形是由這許多零件組合而成，它們怎能算是馬車呢？好，發生了什麼事？我們將許多零件組合理解成一輛馬車，事實上，並沒有馬車。同樣地，我們把色、受、想、行、識等五蘊的聚合理解爲「我」，事實上，沒有一個「我」。

這個例子讓我們對人無我做輕淺的一瞥。明天我們將談論法無我。如有任何問題，不管是人無我還是我們討論過的主題，請提問。

## 問答錄

問：逃離煩惱是什麼意思？

答：當我們知道煩惱在特殊狀況下生起的時候，我們用方法去阻止它的生起。例如，我們知道，如果碰到某人我們會生氣，從那時起，我們想辦法避開他。或是，我們知道，如果碰到一些特別的東西，欲望會生起，從那時起避開它。有時候需要如此做。

問：我了解五蘊不是自我，但我不了解是什麼從前世到來生。

答：設想這個例子，我從尼泊爾到波爾德，我要從波爾德回到尼泊爾。誰回去？如果自我不會走，那是誰走？自我不會走，我的身體走，腿、手、頭、腸、心等。是它們從一地到另一地。自我不會走。同樣地，如果你問：「是誰到來生？」答案是五蘊，色、受、想、行、識到來生，自我不會去。

問：色蘊從今生到來生是什麼意思？

答：它是一種轉變。今生的色蘊死了，另一個色蘊取代。在此意義下，色蘊從一生轉向另一生。識蘊也是一樣。例如像我一樣的人，此生結束時，人類的意識會被拋棄，熊的意識會取代它。當熊死亡的時候，熊的意識會被拋棄，狗的意識會取代它。至於身體，首先人的身體會被拋棄，熊的身體會取代它。當熊死去時，熊的身體會被拋棄，狗的身體會取代它。

問：爲什麼我們無法記起前世的事？

答：因爲從前世轉化到今生是非常劇烈的改變。即使是今生，有些改變我們也記不得。例如，我們記不得在母親子宮內的情形，也不記得從母親子宮內出生的情形。不僅如此，大多數人也不太記得早年的情況。爲什麼？在這麼稚嫩年齡，我們心智的經驗還不夠。當我們從前世來到今生，改變這麼巨大，我們當然是記不得了。

問：是什麼力量促使五蘊能日日夜夜、生生世世的滾動？

答：在佛法裡我們不說「力量」，而是說「連續」。例如，我們說某些事是同一件事的連續。想像一條河從西藏流經越南入大海。在西藏，這條河我們稱爲札曲河；靠近中藏邊界，這條河稱爲瀾滄江；沿流而下稱爲湄公河。札曲河和瀾滄江是一樣的嗎？不，它們不一樣。但是，它們卻是同一個連續體。我們可以拿這種連續體的改變，來看待從此生到來生的改變，或是生命中早期到晚期的改變。例如，從少年到成年，從成年到老年，從老年到來生。我們描述這種變動爲一個連續體，我們說包含在其中的獨特現象是同一個連續體。

問：連續體的觀念和自我的觀念有何不同？

答：自我永遠是一樣的。如果有一個自我，那麼此生的「我」、前世的「我」、來生的「我」，都是一樣的。我們會認爲「我」應該是這樣，但事實上，不是這樣。隨著時間的過去事情會急速改變。例如札曲河和湄公河是不是同一條河？不，它們不同。如果一個人跳入札曲河，我們能說他跳入湄公河嗎？當然不能。那麼湄公河和札曲河又完全無關嗎？不，它們是從西藏流到越南的一條河。就它的路線、形狀、外貌，這條河有很大的改變。

假設在此生生爲人之後，我轉世爲熊。那麼人和熊是一樣的嗎？完全不一樣，人是人、熊是熊。人就是人的心識、人的身體、人的特質。熊就是熊的心識、熊的身體、熊的特質。他們不可能被視爲是同一個。但是，他們是一個接續著另一個，從這個觀點，我們說他們只是同一個連續體，其中沒有一個自我的外貌。

爲什麼稱這種連續體爲「無我」呢？我們認爲自我是單一且恆常的，但沒有這樣的自我。「連續」是指一個事物的生起依緣著另一個事物。設想一朵花的種子，種子慢慢成長，變成一朵花，種在泥地上並用水澆灌它，種子就會變成花。因而，這個轉化是緩慢而延續的。種子和花是無二無別的嗎？不，它們是截然不同的。只是種子的延續，花的產生是依緣於另一個東西。我們稱它爲連續體，兩者是互相依緣的關係。爲什麼我們不稱它是自我呢？這個連續體不像是我們認定的自我。因此，連續體不叫自我。

問：您是說我們不認爲自我是一個會變異的東西，因此，我們要認爲連續體是無我？

答：急劇地改變會讓我們懷疑自我的觀念出了什麼問題了。例如，因爲有種子，所以一朵花長出來。這是描述它們之間的關係。它們顯著地不同，而且在本質上也必須認爲是截然不同的。根據此，我們來設想前世和來生。因爲有前世，所以有來生。這是描述它們之間的關係。例如，前世是一個人、來生是一隻熊，我們不能說他們是一樣的。就像種子和花一樣，它們是截然不同的。我們認爲的自我不會改變，如果有自我這種東西，它永遠都一樣。

問：當我們了解到自我不過是色受想行識五蘊的組合，而貪瞋痴等煩惱消除之後，慈悲會有什麼變化？

答：當了悟無我以後，慈悲也發展到超越的程度。爲什麼？因爲這個慈悲的興起不是以自我爲出發。設想某人處在痛苦之中，在痛苦時，他可能生起很多的煩惱。是自我引起他們煩惱的嗎？不，但是要設想無我爲我，他們可能會搞迷糊。我們會對他興起慈悲心。我們知道事實上沒有我。我們也知道他們不了解無我。由於不了解無我，人們會更加的迷糊。一旦迷糊，他們會憎恨他們無須憎恨的東西，會貪求他們無須貪求的東西，會懷疑他們無須懷疑的事物。由於生起這些煩惱，他們產生痛苦，這本是不必要的。他們極爲迷惑，我們對他們感到慈悲。

假設一個人睡著了做了一個惡夢，他可能夢到被一頭飢餓的老虎追逐，他感到恐懼。但他不必恐懼，因爲事實上沒有老虎在追他。但想到老虎要吃掉他，就莫名的恐懼。期間來了一位天眼通的人，他看到這個惡夢而對夢中人興起慈悲心。「這個人正在做一個惡夢，他恐懼著老虎要吃掉他。」出於對夢中人的慈悲，他搖了搖夢中人，並說：「醒來！醒來！」

問：從夢中醒過來，了解到「不是我」、「不是我的」，這是怎麼回事？這似乎是眞正的我。

答：前一刻和後一刻的心是不同的。但是有一個連續的心識，這個連續體了解到無我。雖然沒有一個永恆不變的自我，但是有連續的心識，藉著它可以了解無我。

問：是什麼東西使得這些片刻統一？是什麼讓它們連成一體？

答：什麼也沒有。其中並沒有一個力量把它們連成一體。一個片刻過去，另一個片刻接著來。片刻是接續而來的，並沒有一個能量把它們栓在一起。例如，一個念頭在心中生起，然後停止，它消失了，另一個念頭生起。以這樣的方式，逐步地，念頭的連續體就產生了。但是並沒有東西統合它們。我們可以說，依緣於前念而產生後念，除此，別無他物。

當前念出現時，後念還沒成形；當後念出現時，前念已經消失了。沒有一個東西去結合它們。設想一朵花和一顆種子，當花出現時，種子就不見了；當種子呈現時，花還未成形。並沒有東西去連結它們。依緣於一顆種子，產生一朵花。沒有一個有效的力量去結合它們。如果種子和花同時呈現，就有可能去結合它們，正因爲它們不同時出現，又如何去連結它們？

問：在慈悲的行爲和它的果之間是不是有關係？我們可以說，在行爲停止之後，它的果還延續嗎？而且還會繼續延伸到來世？

答：不管我們是說「行爲和結果」還是說「因果」，都是來自同樣的觀點：此生故彼生。因爲這種因果關係所以我們說是連續體。由於累積善業，所以得到善果；由於累積惡業，所以得到惡果。例如，因爲種了一顆黃花的種子，所以結黃花；因爲種了一顆紅花的種子，所以結紅花。但是種子和花各自呈現，時間不同。同樣地，行爲和結果也是分開現形的。

問：這是不是表示慈悲行爲的結果，在某方面反映了慈悲？

答：因和果的關係有幾種不同的型態。我們舉兩種：有些果的產生是因的成熟；有些果的產生是因的串習力量所形成。例如，假使我們在此生讓慈悲成爲習慣，來生慈悲就會強力的生起。由於先前對慈悲串習的誘因，使得強烈的慈悲心生起。至於因果成熟的例子，由於今生以清淨發心幫助他人，來生會因爲我們的行爲讓我們體驗各種幸福和舒適。這種結果成爲熟果。這兩種類型有點差別。

慈悲的因會導致慈悲的果嗎？是的，它會。但這種慈悲不是行爲的成熟結果，而是因爲先前的串習所致。熟果的因緣比較多是屬於苦樂的體驗。這是世親論師在《俱舍論》中說的。

問：我有個關於轉世的問題，而且我想用您舉河流的例子來說明。當河流從西藏流經中國、越南到大海，它們在大海匯合。之後水分子蒸發，形成雨再降落大地，最後變成不同的河流、小溪、湖泊等。他們不必然要回到西藏變成原來同一條河流的一部分。第二，一顆種子變成一朵花，但那朵花卻結出許多種子，而這些種子可以長出更多花。當花凋謝時，它的分子可能不只是在成爲花，還可以變成各種有生命和無生命的東西。爲什麼人死後只能轉生爲一個個體而不是很多種實體呢？

答：對的，說得沒錯。就像你說的，許多不同的果來自於一個人的生與死。從這裡，我們可以了解其中無我。假設這樣，在我死後，轉生爲熊。對我而言，外觀變成熊，但是人的屍體會被移到停屍間並火化，餘灰隨風四散。所以，身體有它不同的、個別的果。由我的心所確立的外觀已經改變，我轉生成爲一隻熊。熊的身體是從哪裡生起的呢？它來自熊媽媽的子宮，不是嗎？我現在的身體不可能進入熊的身體裡，對嗎？至於心，太多變化打擊到心。心會接受不同的外觀。如你所說，有許多的因，每個因有它自己的、無數的果。這個例子清楚而完美地說明了無我的意義。

問：我聽說有一些問題佛陀拒絕回答，大概是因爲生活經驗中無法證明的問題。但是爲什麼轉世的觀念在佛法裡扮演這麼重要的角色？

答：前世與來生的法教之所以重要，是因爲縱使我們看不到前世與來生，我們心識的連續卻沒有被切斷。藉著心識的延續，來生的外貌逐漸成形。當這些外貌成形之後，我們才會因爲前世業行的累積結果體驗到苦樂。嚴重的問題是因爲我們不了解接著而來的來生。了解了一生接著一生是一個不間斷的連續體之後，我們就可以爲來生過得更好預做準備。因此，佛陀會廣泛教導前世與來生的法教。

佛陀拒絕回答十四個會產生困擾的問題。通常，提問者會問一些挑戰他智慧和教法的問題。也就是說，想要辯駁他或是擊敗他。例如，有人問：「自我是永恆的還是無常的？」佛陀沒有給答案，爲什麼？如果佛陀率直地回答，他會說自我根本都不存在了，因此沒有恆常或無常的問題。如果用這樣的方式回答，無異是說：「你這是個蠢問題。」提問者一定會很生氣。你提到的十四個問題本質上是這樣。因爲答案對提問者沒有幫助，佛陀才沒有回答。

# 第五章

# 法無我

在我們研讀蓮華戒的《中觀學派修道次第論》中卷時，我們注意到他對於心轉向無上菩提的說明。這個心有兩個層次：世俗的和勝義的。我們現在討論勝義菩提心。通常，它包含觀人無我和法無我。昨天，我談過了人無我，今天，我要談論法無我。

## 諸法性空

談到法無我，諸法都不是俱生固有的，它是空性的。通常，非佛教徒視佛法為消極的。他們認為佛法沒有增強人心的力量，而是談論無常、無我、空性，它使人憂傷，削弱人心。他們在佛法中找不到強化人心的力量或是增加人性光輝的特質。因此，他們視法無我的教義是沉悶無聊的事。

他們錯了，因為對無我的認知不會削弱人心的力量。我們必須在生活中平靜而柔和。沒有強烈欲望和瞋恨的煩惱，我們的生活很自然地變得平靜而柔和。如果我們禪觀諸法無自性，執著和顛倒自然消散。依此，我們很自然地能享受平靜和安適之感。

你們之中已經聽聞佛法或修行多年的人，應該很了解空性的意義。但是初學者第一次聽到空性會感到震驚。當聽到諸法空相時，他們會認為不是這樣的。例如，當我年輕開始研讀經典，讀到無我時，我想：「不，不是這樣的，我確信有一個我。」接著我讀到世親菩薩的《阿毗達摩俱舍論》，我決定：「好吧，或許真的是無我，但是談到空性，門都沒有，那是不可能的！」這就是當時我的見解。之後，我接受中觀學派的理論，我覺得很不同。「或許諸法是空性的，是的，似乎是空性。」當你開始去思考這些法教的時候，它就是這樣呈現答案。

## 深入淺出

今天我要談論空性，當我們談論空性時，會發現自己在討論嚴肅的論證和高深的見地。但是，今天有許多初學者在座，因此我必須講得更容易理解，讓論證不那麼讓人難以親近。至於那些已經深入經藏且修行很久的人，可能覺得這個解釋太虛弱而單薄。你們或許會覺得我對於空性的解釋沒有那麼高深。你們會沮喪的懷疑，爲什麼我會給一個這麼粗淺而簡單的空性見。請不要這樣想。如果我解釋得太深奧，初學者會不明白。因此我要針對初學者說明空性，而且要以簡單易懂的方式解釋。

「諸法並沒有自我」，這意味著個別的法沒有自性，而且是非俱生安立的。那麼「法」是什麼？梵文的「法」有十種意義，有時意指我們所修行的法；有時意指禪定；有時指一切現象。在我們陳述「諸法無自性」中的法是指一切現象。因此，這項陳述的意思是說一切現象都沒有自性。

蓮華戒在《中觀學派修道次第論》是怎樣解釋「諸法無我」的呢？首先，外在的現象是由分子組成，是有形的，非俱生安立的。然而，外相的確呈現在我們眼前。如果它們不是以自性安立，它們如何能呈現？他們為內在的心識而呈現，它們依憑著內在心識而呈現。此處，蓮華戒提出了與唯識學派一致的觀點，它是佛教四大學派之一。接著，蓮華戒說明了內在心識也是無自性。心無論如何都無法眞實安立，它是空性的。在此，蓮華戒確立了諸法無自性——外在現象以及內在心識，與中觀學派的見解一致。

科學的顯著進步已經有能力檢視外在現象。這足以讓我們了解外在現象無法眞實安立。科學家早已經確立了，而我們也已熟知：當他們以理性和科學儀器檢視，看到一切現象並非俱生安立。但是，他們並沒有精確的解釋並說出諸法是空性的。誰會責怪他們呢？從無始劫以來，他們已經習慣於相信諸法是眞實存在的。串習的力量使他們無法說出諸法是空相的事實。我們會想：「有時，我的確看到這些現象，但不能說它們是空性的。」即使這些有才華的科學家們也不能放棄他們掌握的事，畢竟，他們說：「它們或許不是事物，但它們是能量。」這似乎讓他們振奮。顯然地，他們無法拋掉無始劫以來的習氣。如果他們說諸法是空的，會被嫌言怨語所阻卻，也不為他們的經驗所認同。「我們不確定，但一定有某種東西存在。」但佛教卻教導諸法不實存，是空性的。一般而言，由於這些不同區分成兩種見解。

## 非大亦非小

對我們而言，所有這些外相似乎都是存在的。我用一個簡單的例子來辯駁外相實存的觀念。看看我手上拿的這些紙❶，這張是大張的，另一張是小張的。看起來是這樣，我問：「這張是大張的嗎？」❷「不，不是，它是小張的。」「這張是小張的嗎？」❸「不，不是，它是大張的。」對任何人展示這些紙，他們都會同意：「這張是大張的，另一張是小張的。」當我看著它們的時候，這就是我所看到的；當其他人看著它們的時候，那是他們所看到的。

事物就是以這樣的方式呈現，但是當我把它換過來時會怎樣？❹如果我問：「這張是大張的嗎？」你們會說：「不，它是小張的。」❺那麼誰來看它就不重要了。每個人都會說這張是大張的，那張是小張的，我看它也是這樣。爲什麼我們對於事物的大小感覺會改變呢？因爲事物既非大亦非小，這些事物都不具備這兩種特質。

原註

❶創古仁波切對學生拿出兩張紙，其中一張明顯地比另一張大。
❷創古仁波切拿著兩張較小張的紙。
❸創古仁波切拿著兩張較大張的紙。
❹創古仁波切現在拿起一張紙，比其他兩張都大。
❺創古仁波切拿起一張紙，之前，看起來還是大張的。

有人會認為，雖然這些事物不具備大小的特質，但應該還有其他的特質。例如：長短呢？[6]如果問我：「這是長的嗎？」每個人都說它是長的，沒有人會說它是短的。如果我加一截棍子在上面[7]，大家都會說這枝是長的，剛剛看似長的現在已經變成短的了。延伸來看，我們了解所有的事物都是如此。大小、長短、好壞，以及其他顯現在事物上的特質，事實上並沒有棲息在那兒。

## 非彼亦非此

再者，即使我認為自己是「我」，但別人不這麼認為。假設我問：「你認為我是我嗎？」他會回答：「當然不是，我認為你是你。」假設我問第三者。「不，那是他。」從我的觀點，另一個人是「你」；但從那個人的觀點，他才是「我」。我、你、他，都缺乏穩定性。有時我們想的是「我」、有時是「你」、有時候是「他」，不是那麼固定不移的。

地方也是一樣，例如，當我在這兒，我稱這個地方為「這裡」，那個地方為「那裡」。當我到那兒，我稱它是「這裡」，這兒成為「那裡」了。「這裡」不是永遠停留不變的。同樣地，站在這裡，我們說「這座山」、「那座山」，當我們走到遠山之後，從那裡回頭看，「這座山」變成「那座山」，「那座山」變成「這座山」。它們似乎就是這個樣，但應該是我的心使得它們成為這樣。既沒有遠山也沒有近山、沒有這裡那裡、沒有你我他。是心讓這些事去適應狀況。

龍樹菩薩運用理性的因果關係來說明這些特質。諸法依緣於他法而生起。當我們以理性檢視和分析，這些特質消失了。因此，在究竟上它們是空性的；但在世俗上它們是存在的。它們以什麼方式呈現呢？透過因緣的力量。有些東西大，其他的小；有些東西小，其他的大等來顯現。例如，彼此做個比較，這柱香是大的，那柱香是小的。❽彼此依緣，其中有一枝是大的嗎？是的。有一枝是小的嗎？是的。就世俗義以及我內心的觀點，有些是大的，其他是小的。但它們在究竟上是大還是小呢？究竟上既非大也非小。

## 內外皆空

因此，外在現象是內心的顯現。外觀上既非大也非小，大小是內心所造作的分別。內心斷定這個是大的，比較上那個是小的。誰在分別好壞呢？我和你。其他的分類呢？它們都不是外在的。這些特質都不依附在事物之上，是內心在分別它們。因此，所有的外相都是內心

原註

❻創古仁波切現在拿起兩枝香，一枝比另一枝長很多。

❼創古仁波切拿起第三枝香，比前兩枝都還長。

❼創古仁波切拿起兩枝香，一枝比另一枝長。

的反現。所以說，沒有外相，只有內心。蓮華戒如此解釋事物，這也是唯識學派的觀點。

說明了外相是空性之後，蓮華戒接著說明內心也是空性的。當我們以理性檢視分析，發現外相並不存在。然而，我們可能會認爲內在心識確實存在。事實上，內在心識也不以自性而安立。當我們確實檢視分析，它並不存在。內在心識如何無自性呢？蓮華戒引述《寶積經》的一段經文。在這段經文中，佛陀對大迦葉尊者說：「迦葉，當我們找遍心在何處，卻遍尋不著。」[9]我們尋找心並問：「它在哪裡？」什麼也找不到。如果不加以檢視分析，我們會認爲心是存在的。然而，當我們尋找並自問：「心在哪裡？」它並不存在。同樣地，岡波巴在《解脫莊嚴寶論》也寫道：心並不存在。爲什麼？「我沒有看到心，其他人也沒有看到心。事實上，沒有人看到過心。因此，心並不實存。」

## 找不到六識

怎麼說沒有人看過心識呢？一般而言有所謂的六識。設想六識之一的眼識，眼識看到色相。當我們尋找眼識的時候問道：「它在哪裡？」在眼睛裡嗎？不，眼睛裡是有一些組織，但眼識不在裡頭。假設我看到一隻玻璃杯，我的眼是在玻璃杯裡嗎？不。我的眼識在眼睛和玻璃杯之間嗎？不，兩者之間什麼也沒有。透過因緣的力量，眼識看到了玻璃杯。然而，如果我們尋找能看的意識，什麼也找不到。

其他的感覺意識也是一樣——耳識、鼻識、舌識、身識等。那麼心意識呢？有時候心意識會生起粗糙的念頭。例如，有時候，恨意會襲上心頭；有時候，會生起慈悲心；另一個時候，傲慢心又隨時起來。此時，心意識生起粗糙的念頭。它是如何生起的呢？雖有其他的因緣，但無明是根源。從一開始，我們的意識就向外攀緣。什麼是內在意識？我們從來不曾檢視它。我們曾經看過它嗎？我們會這麼想：「我有一顆心。」畢竟是我們心產生念頭，不是嗎？但我們曾經找過心嗎？它在哪裡？我們的念頭又是從哪裡產生的？假設我們生氣了，現在我們有機會查究：「現在我很憤怒！好，那個恨意是什麼東西？恨從哪裡產生的？」我們尋找，但什麼也沒找到。我們可能想像恨意是產生自某個特殊的地方，再沿著特殊管道傳到其他地方去。除了知道它如同生起時在剎那間消失，我們找不到它在何處。我們確知自己感到恨意，但不管怎麼尋找，內、外、中間，什麼也找不到。貪欲和其他的念頭，無論是什麼，都像這樣。不管怎麼找，都找不到。

如果我問某人：「你曾經感到瞋恨嗎？」他會肯定地回答：「我經常感到瞋恨。」如果我接著問：「當你感到瞋恨時，它像什麼？」他可能會說：「我不確然知道。」為什麼他會

譯註

❾《蓮華戒大師》，頁96。

不知道自己瞋恨的感覺呢？因爲瞋恨的眞正本質，就像其他意識的本質一樣，是無從安立的。爲了了解外在現象是空性的，我們以理性做過分析。爲了了解內在心識是空無自性的，我們可以用理性分析並直接觀察，結果什麼也看不到而且也找不到。因此岡波巴大師寫道：「因爲沒有人看過心識」，所以心是不存在的。爲什麼？因爲沒有人看過。我們沒看過自己的心識，也沒有看過別人的心識。

## 平衡止和觀

因此，我們確定內在心識和外在現象都是無自性的。接著我們要熟悉所確定的。當我們以智慧檢視分析，確知諸法皆空無自性，接著禪觀，也就是去串習它，我們是針對經典做分析修，這稱爲善知識的分析修。

當我們禪觀，逐階地檢視分析時，有些瑕疵會干擾禪修。什麼瑕疵呢？許多念頭會浮現。有時我們禪坐得很好，有時許多念頭生起。當念頭生起時怎麼辦？首先我們檢視並分析。我們自問：「什麼念頭浮現？」有時候瞋念會生起，剛開始只是一個可以注意到的念頭，如果我們跟隨著瞋念，更多的念頭會生起。我們不斷捨棄它，但是它們還是繼續生起。那樣的話，這些念頭就會干擾到禪定。有些時候，可以注意到的貪念會生起，我們試著禪修，但這些念頭一再回來，干擾禪修。有些時候，我們並不那樣地安於禪定，會不想禪修，感到懶散。禪定的第一步就是在一座的禪修過程中認出干擾的念頭。這種辨識可以刺激我們認知到禪定的功德，能讓我們對治過失。

同樣地，如果我們觀空性並強烈禪觀我們所發現的空性，觀會變得更加清明。觀清明之後，止禪就會逐漸減弱。當安止的因素減弱以後，內觀又變得惡化。因此，我們檢查自己的禪修，注意到一旦止禪減弱了，就立即強化它。要禪修得好，我們必須均勻的平衡止和觀。

檢視分析自心，我們尋找煩惱、念頭的運行，昏沉或散亂。當解除了這些因素，心輕鬆地安住，就讓它那樣。當我們再度檢視分析，心會受到干擾。因此，心安住在平衡狀態時，讓它那樣。當念頭消失了，我們知道它並繼續禪修。

當修習禪定變得困難而且感到不舒服的時候，我們暫時把它擱在一邊。諸法無自性，那是它們的本質。然而，並不是所有人都了解。不是所有人都生起這種禪定。思及此，我們要開展慈悲心。再一次將心安住在觀諸法空性上，這樣交替運用幫助我們能持續的修行禪定。

已經完成了開發止禪的程序後，讓心從止禪中生起，但仍繼續安坐在座墊上。接著，我們必須以下列方式思維自己和他人的情況：「我知道如何禪修，我也禪修得很好。其他眾生並不了解諸法的本質，他們既無修行又沒有生起禪定。因此，在修行的基礎上，未來我將使一切有情了解諸法的本質，將殊勝佛法帶入他們的生活經驗中，直到成佛。」做了這樣的決定並發心之後，我們慢慢放腿，站起來，對十方諸佛菩薩禮拜、供養，並迴向。

蓮華戒的《修道次第論》中卷包含三個部分，第一部分討論慈悲；第二部分談到菩提心，特別是他說明了開發世俗菩提心和勝義菩提心的方法，我們已經聽聞了這兩部分的說明；在第三部分，蓮華戒寫到關於方便的技巧。今早我說到這裡，下午和明天早上我將說明方便的技巧。如有問題，請提出來。

## 問答錄

問：是不是有個別的內在心識？也就是說，一個人的內在心識是否不同於其他人的內在心識？

答：是的，它們是不一樣的。個別的人有個別的心識，個別的外相顯現出它們個別的心識。

問：如果說連心識都找不到，我們如何和自己的心識運作？諸法又如何根源於內在心識？這似乎是矛盾的。

答：不管我們考慮到內在心識或是外在現象，我們都說是現象的顯現。不過，這些現象的本質都不是它們顯現的樣子。例如，夢中顯現許多的境。當境相在夢中出現時，有時候夢境很美妙，有時候夢境很可怕。我們可能夢到恐怖的地方、傾圮的大樓、惡劣的感受。如果問道：「這些境相有沒有出現在你的心中？」我們會回答有。例如，我夢到一頭大象，如果問說：「你有看到一頭大象嗎？大象有出現在你的心中嗎？」我會回答有，在那個夢中我的確看到一頭大象。事實上，那頭出現在夢中的大象看起來的確像是一頭大象。如果問說：「有一頭大象出現在那兒嗎？」我會承認大象並沒有走進我的臥室。但是我確切的看到一頭大象。究竟義上，夢中的大象不存在；世俗義上，在夢中我看到大象。我們也會把這個例子運用在外在現象上。例如，在世俗義上，問到這柱香是否是長的？我會說是。我、你、任何人都會同意它是長的。然而，我們仔細的分析，結果它又不是長的了。究竟義上，既非長也非短。但在世俗義上，有些東西長有些東西短。這兩個觀點不矛盾。

問：您推薦觀想金身佛像以對治昏沉。我們可以觀想自身為那尊佛嗎？或是該觀想它在我們的眼前、頭上還是什麼地方？

答：在密乘的傳統，尤其是無上密法，我們視自身為佛。從這個觀點，我們觀想自己為本尊身，也就是說，觀想自己是佛。觀想金身佛像的形式是屬於經教的傳統，經教並沒有教導禪觀自身具足佛的功德。他們教導禪觀，我們應視佛為卓絕的，我們是凡夫。而且，我們也不觀想佛安住在我們頭上，而是觀想佛坐在我們面前。當我們觀想一個人安住在我們頭上時，我們觀想的是本尊。當我們觀想一個人坐在我們面前，我們觀想的是人的形象。設想自身是佛，他雖然不凡卻也是人。設想他出現在這個地方，這樣的觀想會生起喜悅和快樂，能夠消除昏沉和掉舉。

問：我對諸法空性開始有了了解，如此我們可以根據自己的意願給事物命名。例如我們可把桌子命名爲木材。但是事物似乎仍有它們的本質，例如，火有燃燒的本質，如果把手伸進火裡，會被灼傷。但是我們又聽說成就者的故事，他們水火不侵，可以穿牆入地。那是另一個層次的空性，我都還無法涉入的。我們是否應該轉移到這個方向？

答：像我們這樣的人可以理解空性，但不能直接了悟空性。現在我們思考空性，只是用第六意識，那是心意識。那只能導使我們以推論的方式理解空性，推論能讓我們想：「或許是這樣。是的，就是那樣。」但並不等於直接了悟空性。因爲沒有直接了悟空性，所以我們必須禪觀空性。也就是說，我們要習慣於空性。從無始劫以來，我們都習慣於視諸法非空性，現在我們必須習慣於諸法是空性的。你所提到一些高成就的修行者，他們已習慣於空性而且直接了悟空性。因爲他們已經直接了悟空性，例如，一座牆是空性的，他們可以伸手穿牆而不必破壞牆或改變手。藉著理性思維，我們了解牆是空性的，但是我們還無法了悟到這種地步。因此，它看來依舊是眞實不虛的。爲此，有必要禪觀空性。

問：當我練習您所教導的分析修時，我觀照我的身心，卻找不到它們的所在，我有點迷糊了，就安住在迷糊中。接著，奇怪的事發生了；例如，我沒有看到前方的小毛毯，反看到紅外線的顏色，而且我感到不是我的身體坐在這裡。我修行的方法錯了嗎？您可否解說？

答：禪修時，我們觀照心的本質。觀想心的本質，我們檢視它。因爲我們專注在心的本質上，我們並沒有放太多的心力在眼睛上。假如我們專注在眼睛上，我們可能看到很多東西；也可能看不到眼前的毛毯。禪修時，不是用眼睛而是用心。不管看到什麼，我們放下它，將注意力轉回到心上，轉回來。

問：當我轉向觀並分析心的本質時，事情應該變得更清晰穩定才是。但我對禪定的體驗是非常的不安定。假設我想要變得更清明，事情應該會變得更正常而平凡，而且我會更清楚。但是當我眞的放下一切，事情又不像這樣。

答：所謂清楚在佛教傳統裡不是說有非常強烈的體受，而是持續的覺知，覺心沒有間斷。心不像石頭，沒有任何東西能切斷心識之流。清楚是心的本質。如果把注意力放在那兒不忘失，也許可以。至於缺乏穩定性，如果開發止禪會有幫助。也就是說，如果我們將觀修行暫時放在一邊，只集中開發止禪，將心放在呼吸上，並正念觀照呼吸，可以使我們的心穩定。

問：您以長短、大小等的相對性說明法無我，在我看來，有些事物的特性是自己存在的，無須涉及他物。例如，某種特定的顏色像黃色，或是某種特定的東西像黃金。它們似乎不依賴其他的東西轉變而成。

答：起初我曾經用這種方式解說法無我，但之後似乎沒有必要了。因為科學家早已經證實物質是由很小的分子組成，而這些小分子又由更小的分子組成。因此，我想我不提這些應該沒什麼關係。我談到諸法相互的因緣而不談個別的物質，既然你已經問了，讓我們來分析個別的物質。

這是一隻手，對嗎？⑩它不依靠其他類似長短比較的東西而立。就其本質而言，它是一隻手。讓我們審慎地檢視它。手是一個粗糙的物質，更近一點看，它是手嗎？⑪不，這是拇指，它是手嗎？⑫不，這是手指，食指、中指、無名指等。它是手嗎？⑬這是皮膚，皮膚裡面的東西又是怎麼回事？它們是手嗎？不，那是肉、骨和血。那麼，什麼是手？手是我們的心造作的，不是嗎？把手指、肉、皮膚和其他許多組織聚合在一起，我們認為「這是我的手」，除此之外，沒有一個叫做手的東西。

或許我們可以接受沒有手，但是我們堅持有手指的存在。在這種情況下，第一指節算是手指嗎？第二指節、第三指節算嗎？指甲算嗎？是我們的心認定這些組合為手指。這些元素中沒有手指存在。

我們可以更細緻地分析，最後我們會進到最微細的分子。我們能找到一個沒有分子、無法進一步再分割的物質嗎？我們或許會認爲有，我們會想像一個最微細的分子，無法進一步切割，但即使那個最微小的分子，也仍有大小。假設第二個分子，一樣微小，它和第一個分子接觸，接觸點只有一個，不會再有另外一個。兩個分子接觸在一個點上，但在其他點上並沒有，這表示它們還是有部分。我們可能設想它們太小而不會有部分，但這在理性上無法成立，事實上他們並非眞實的安立。

既然缺乏自性，這些外境又是如何顯相的呢？它們因心而顯相。當我們跟隨這個理性分析的道而行，我們已經使用了中觀學派所提出的方法。此處我們簡單介紹了「不一不異」的檢視方法，但在其他點上並沒有這是寂護大師在他的《中觀莊嚴論》裡提出來的。

原註

❿ 創古仁波切舉起他的手給大家看。

⓫ 創古仁波切指著他的拇指。

⓬ 創古仁波切指著他的食指。

⓭ 創古仁波切拉起他手背上的肉。

問：我想我是服膺中觀學派的方法，但是我問的是特性而不是事物。在我看來有些東西的特性是與生俱來的，例如顏色就是。

答：設想這本書的顏色，它是黃色的。它是依緣著這本書，不是嗎？這本書的黃顏色是由許多黃色的小分子聚合而成，因爲分子自身是無自性的，所以黃色也是無自性。

問：如果一個人失去了四肢，例如手，他還會產生擁有那隻手的感覺。在缺少肢體和缺少肢體體驗之間有何差別？

答：空性是不一樣的。究竟上，例如手是無自性的。但是在各種世俗境上仍然會顯現。沒有自性是空性的一種，不存在是另一種。我們此處所說的空性可以和世俗外境愉快共存：本質上無自性，外境上顯相。

即使失去一隻手但仍感覺它的存在，我想這是因爲我們的心已經先入爲主習慣了它很長一段時間，我擁有手已經是好幾千年了。如果突然間失去一隻手，由於習慣了它一段時間，我仍然會感覺到它的存在。

事實上，我可以說明我個人經驗過類似你所描述的狀況。我總是戴著眼鏡，已經好多年了。晚上睡覺時我把眼鏡拿下來，但是當我半夜醒來的時候，好像還戴著眼鏡的感覺，雖然我當時沒有戴眼鏡，但是因爲先入爲主的習慣讓我感覺戴著眼鏡。

如果某種東西在世俗上並不存在，那個不存在是單獨的空，它不可能變成任何東西。空無自性則完全是另一回事。雖然在究竟上是空，但不同的外相會顯現。經典上描述的是這種空性，在此空性之下顯出萬法。依緣於此空性，我們可能有許多不同的改變：我們可能成佛，我們可能輪迴等。又如，一顆種子如果不是空性，它永遠只是一顆種子而不會變成一朵花。但是慢慢地，種子會長成花，爲什麼會這樣？這就是空性的力量。有時它是一顆種子，另一個時候它是一朵花，又另一個時候它變成什麼也沒有。由於空性，它才可能顯現出這些不同的相。由於空性，此必須依緣於彼。透過因緣，所有的外相才顯現。

你們問了許多好問題，這是我喜樂的泉源，謝謝你們。你們對佛法、禪修有很大的興趣，熱切的想要了悟空性，因爲如此，你們問了極好的問題，我很高興。感謝你們眞誠的想要學習並了解佛法。

# 第六章
# 六波羅蜜

我們已經討論了慈悲心和菩提心的兩個層面——世俗菩提心和勝義菩提心。在勝義菩提心的內容中，我們也已談及禪觀人無我和法無我的方法。今天早上我們要將注意力轉向進一步利他的行為上。主要就是六度波羅蜜的修行。

## 六度萬行

在止觀的禪修中我們禪觀空性，也就是人無我和法無我。由於我們已經了悟空性，對其他尚未了悟空性的一切眾生生起了大悲心。因此，慈悲心一開始是依憑空性而產生。憑著慈悲心，我們致力於布施、持戒、安忍、精進、禪定、智慧等六波羅蜜。所有這些修行都包括在累積福德智慧之中。我們如何累積福德智慧？在止觀的修行中我們了悟空性；之後必須根據這項了悟精進修行，達到後得位。

了悟空性以後，我們就能夠致力於慈悲心和六度的修行。同時，由於致力於六度的修行，了悟空性的禪定和智慧可以提昇到更高的境界。因此，由於禪定，增長了後得位；由於後得位，禪定更深。這種六度的精進就成為方便的技巧。依憑這些方便，禪定提升到更高境界。依憑著禪定境界的提昇，六度萬行也相對增長。這樣成為一個抵達彼岸的因。因此，稱為方便的技巧。

在《寶髻經》中，談到彌勒菩薩有關六度的行爲，佛陀說：「慈氏穿上了鎧甲。」爲了成就解脫道與全知，我們需要更大的心力。心的力量讓我們在道路上武裝起來，隨著這樣的心力，我們需要慈悲心，以愛對一切眾生。要安住在慈悲心之中，則必須要了悟空性。我們必須了悟什麼樣的空性？我們必須了悟涵蓋一切的殊勝空性。爲了達此成就，我們需要開發甚深禪定。

什麼是涵蓋一切的殊勝空性？在禪定中直接證悟空性，在後得位中行六度萬行。我們所了悟的空性不需要我們捨棄什麼。了悟空性不離布施；了悟空性之後，我們一樣布施。同樣地，了悟空性之後不離持戒、不離安忍、不離精進、不離禪定、不離智慧、不離方便、不離六度。反而是透過了悟空性，我們可以從事利生的行爲。空性並沒有導致我們處於靜止狀態。

## 因空而生出妙有

這個空性並非空無所有。佛陀說過因爲空性而生出妙有，我們必須圓滿布施等六波羅蜜。因此，菩薩必須布施、持戒、安忍等。我們還需仰賴方便。如果以爲了悟空性就可以成佛，顯然是錯了。佛陀教導，菩薩如果只是禪觀空性，那不是菩薩的行爲。

佛陀說，要成佛必須圓滿六度萬行。然而，有些人說我們只要修行智慧而不需要修行其他的波羅蜜。沒有考慮到其他五波羅蜜的重要性，他們捨棄了布施、持戒等波羅蜜的修行。佛陀對彌勒菩薩說到這個重點，他回憶有一世身為國王❶，為了保護鴿子的生命，他割自己的肉餵食老鷹。佛陀問彌勒菩薩：「這樣做是無知嗎？錯誤嗎？愚蠢嗎？」彌勒菩薩回答：「沒有錯誤。那樣做很對，這是慈悲心的表現。」佛陀接著說：「同樣地，菩薩修行六度是很重要的。」

此處說修行六度是非常重要的，為什麼這樣說呢？一般而言，和尚摩訶衍到西藏來弘法是好事。特別是他教導禪定非常好，但是和尚摩訶衍沒有考慮到修行六波羅蜜的重要性。主要是他說，我們必須開發禪定。這就是為什麼蓮華戒必須來到西藏和他辯論。只禪觀空性是不夠的。我們不能夠捨棄六度，蓮華戒強調它的重要性。

## 把重點放心上

當我們致力於六度萬行，重點應該放在哪兒？應該放在心上。我們以布施開始，當我們修布施波羅蜜時，我們布施食物、衣服和其他的資源給窮人、缺乏衣食的人。即使如此，重點也不在於外在的東西，而在於內心。例如，出於慈悲心，我們會想：「我要布施他人，我必須布施他人。」以寂天菩薩的話來說，他就是勝利者的法嗣。

## 為了成就慈悲心
## 致力布施波羅蜜

我們會認爲，如果有物資當然可以布施給別人；如果沒有物資就無法布施了。這恐怕是錯誤的。布施主要不只是靠物資，而是要看我們的心。我們最好這樣想：「不管我有沒有物資，我都要布施他人。爲了利益一切眾生，我應當布施。」這種付出的動力稱爲布施。

第五世嘉華噶瑪巴德新謝巴接到中國皇帝的邀請函，他接受了邀請，從西藏旅遊到中國，再回到西藏。當他回到西藏時，一位老婦人供養他一隻斷了一條腿的山羊。噶瑪巴說：「我從西藏到中國，再從中國回到西藏，一路上我沒有碰到有比她更大的布施。」當他們聽到噶瑪巴這麼說，心想：「好奇怪！中國皇帝給了這麼豐厚的供養，金銀珠寶和許多珍貴的禮物。這隻斷腿的山羊怎麼可能超過皇帝的布施？」這值得仔細檢視。這位老婦人以僅有的物資供養出去，而中國的皇帝擁有無數的物資，甚至沒有布施出他所擁有的百分之一，布施不是看你給的東西來衡量，而是看你的動機和發心。

原註

❶《廣攝一切法經》，引自《蓮華戒大師》，頁104。

# 布施與持戒

當我們布施時，什麼是最重要的？我們應該有智慧地布施而不是愚昧地布施。勉強的以及不經意的布施，可能會傷害到別人。我們所布施的東西可能不清淨，例如，我們可能給人毒藥或武器。終究，這些東西會落到一些人手中作出傷害他人的事情。某人可能給我們某物並說：「這個東西給你，請你去殺某某人。」或者，我們布施的理由也不清淨。我們可能是出於忌妒或競爭；我們可能會算計如果今天付出，未來可以得到回報；或者是我們有意想欺騙他人。這沒有意義。或者，我們所布施的人不清淨。也就是說，我們可能布施給一個壞心眼的人，他可能傷害別人。或者，我們布施貴重的東西給一個瘋子，他可能誤用它。這些方式，就是愚蠢的布施而不是聰明的布施。如果愚蠢的布施，傷害會隨之而來，最好不要做這樣的布施。如果聰明的布施，利益隨之而來，受者的願望會實現，以此，施者和受者都不會受到傷害。這才是布施的方式。

在持戒方面，身口的不善業有七種——殺生、偷盜、邪淫等，這是我們應該捨棄的。但是我們應該善巧的運用這些戒律。當這身口的七種不善行如果利益他人，它們也會變成善行而獲准。例如，佛陀有一世身爲一個名叫心力的領導者，他殺了一個壞人，這個人意圖謀取五百商人的性命。心力是殺了人，但他的動機是一個善行。因爲這個理由，他的行爲並沒有違犯戒行。要了解持戒，我們要知道戒律是要我們不得惱害他人。

## 安忍與精進

通常，安忍意味著不瞋恨。然而，只顯示瞋恨並不與安忍相牴觸。例如，像護法大黑天（Mahakala）和本尊普巴金剛（Vajrakilaya）都呈現忿怒像，有些人問我爲什麼。畢竟，我們都要放棄瞋恨，他們卻現忿怒相，這是怎麼回事？這是個好問題，疑問必須消除。慈悲不見得總是要綻放微笑，而微笑的背後也不見得就代表慈悲。有些人笑裡藏刀。有些人外表憤怒卻心懷仁慈，在這種情況下，憤怒的外表是根植於慈悲的內在。設想母親對子女的愛：當孩子要掉到火堆裡或跳到坑洞裡，母親會非常激憤。那個憤怒是什麼？她是對自己感到生氣嗎？她生氣是因爲太愛她的孩子，但那愛表現在外成爲憤怒，表現出憤怒不代表她不愛孩子，不必然總是展現出一張慈善的臉孔。

當保護他人免受傷害，如果以安忍心表現出生氣的樣子，並無所謂。例如，一個母親保護孩子免受傷害，她並沒有瞋恨孩子。她可能以粗暴的行爲、強烈的字眼來表達憤怒，但她沒有眞正生氣。這種生氣的表現與安忍並不矛盾。

通常我們認爲努力工作就是精進，那可能是精進，但不是精進波羅蜜的特質。寂天菩薩，他是勝利者的繼承人，描述精進爲樂意善行。如果是樂意作不善行或致力於不善行，例如，致力於殺戮、傷害他人或發動戰爭，這些作爲不會被大乘佛法認爲是精進的行爲。爲什麼？精進是指利益自他的行爲，而不善行是對於自他都不利。對於致力於不善行有一種說法：對惡行的執著。對惡行強烈的執著不是精進，我們必須仔細的檢視什麼是精進的行爲、什麼不是。

## 禪定與智慧

禪定波羅蜜的修行，我們必須眞正培養禪定。般若波羅蜜的修行，則必須開啓殊勝佛法的無上智慧。也就是說，我們的智慧要能夠利益自他。聰明與自大會傷害他人，不能夠稱爲般若智慧，這樣誤用的聰明只是墮落的智慧。不善用我們的智慧，我們會傷害了自己和他人。

因此必須具足方便和智慧。光有智慧是不夠的，智慧如果沒有善巧和慈悲，會導致我們走向聲聞道，只致力於成就自己的福祉。因爲菩薩要成就無餘涅槃以利益一切眾生，他們必須具足方便和智慧。菩薩以方便故，不住涅槃；以智慧故，不入輪迴。因此，方便與智慧使得菩薩得以成佛，他既不住涅槃亦不住輪迴。

因此，佛陀說，智慧如果加上方便，就成爲解脫的因；智慧如果缺乏方便，就成爲輪迴的因。同樣地，方便如果有智慧，可以使我們從輪迴中解脫；方便如果缺乏智慧，會進一步被輪迴束縛。

因此，以方便故，大菩薩們不致力於成就涅槃，爲什麼呢？佛陀舉例說，房子裡升起火來很溫暖，我們可以享受火。但是如果把手放進火裡就不是我們所樂意的了。同樣地，爲了利益自他，我們必須要證涅槃，但是我們並不熱切地爲了自己的福祉而進入涅槃，而是行菩薩行。

今晚我談到如何將六波羅蜜帶入生活之中的方法。今晚就說到這。明晚我要談這種修行所帶來的利益。如有問題，請提問。

## 問答錄

問：慈悲和空性之間有什麼關係？

答：假使我知道諸法空性，我就不必恐懼生病、死亡、煩惱、敵人等。畢竟，我已經知道一切都是空無自性的。我不會懼怕任何事情，也不會把痛苦加在任何事物上。相反地，我會享受非凡的、無瑕的平靜。在此同時，其他人仍然遭受著巨大的痛苦。他們沒有了悟空性，他們會害怕生病、敵人、死亡，和其他各式各樣的煩惱痛苦。他們一樣生活在困難和痛苦之中。

他們眞的需要承受這種痛苦嗎？當然不。沒有理由讓那些不了解空性的人受著和我過去一樣的苦。了悟空性以後，我不再有痛苦；未了悟空性，他們還是不斷受苦。無法了悟空性，他們非常痛苦而且沒有目標。

當我們看到這些景象，慈悲心自然而不費力的生起，就好像無法停止慈悲心的生起一般。通常，像我們必須要力促對他人興起慈悲心。已經了悟空性的人不必藉著催促，慈悲心是自然生起的。我們無法忍受當他人在受苦時還袖手旁觀。因此我們說「以慈悲爲本質的空性」。當我們了悟空性，慈悲將以極大的力量生起。

問：爲什麼說進入涅槃類似將手深入火中？

答：首先，我們必須致力於解脫。解脫是值得努力的，但是如果我們過度的欲求解脫，我們會忽視他人的福祉。如果只追求自身的利益，就會忽略他人。在這層意義之下，進入涅槃就類似將手放入火裡。那並非意味進入涅槃會帶來痛苦，它意味著其他人不會受益，因此我們應該抑制過度趨好涅槃，使不致於只顧自己而捨棄他人。

問：在金剛乘的傳統裡，據說方便是代表男性、智慧是代表女性。您可否解釋爲何方便代表男性？

答：談到方便如父、智慧如母，我們結合了清淨和不清淨。我們靠什麼得到究竟果呢？主要還是靠無上智慧。無上智慧一直提升，藉此提升而證悟佛果，這就是無上成就。這個成就只靠智慧嗎？不，那我們還需要什麼？方便，智慧的夥伴。這是描述清淨，究竟果的成就。我們可以將它與人的輪迴相結合。我們降生在人的身體使我們成爲人，是什麼讓我們成爲這些身體的因呢？我們的母親，我們必須依靠母親才能誕生。因此我們想像智慧是母親的樣子。我們能只靠母親就能誕生嗎？不，當然不能，另一個方便或條件是必須的：一個父親。因此，方便顯現出父親的樣子。要描述成佛之道，我們談到方便與智慧。女人象徵無上智慧的形象，男人象徵方便的形象。當成就佛果的時候，主要是靠智慧。在不清淨的狀態下，我們的身體主要是靠母親降生。因此，母親是智慧的結合。方便只是站在夥伴的立場協助智慧。父親陪伴並協助這個身體的誕生。因此，父親是方便的結合。

在不清淨的狀態下，身體是父精母血的結合。在清淨的狀態下，勝樂金剛（Chakrasaṃvara）代表方便，金剛亥母（Vajravārāhī）代表智慧。他們被認爲是佛父和佛母。在密咒中，不清淨有系統的象徵清淨。

問：我門如何結合智慧和波羅蜜行？如果我們智慧不夠，我們能夠修行六度嗎？

答：我們可以修行六度波羅蜜。雖然有些人智慧較高、有些人較低，在人生的道途上事情會改觀。智慧可能增長，也可能減退，兩者都可能發生。有較高智慧的人可能因不知珍惜而喪失；較低智慧的人爲了追求而得到更高的智慧。智慧是會改變的，要靠我們的興趣和練習。如果我們有興趣並將所學帶入生活經驗之中，我們的智慧會增長。如果我們毫無興趣，也不將所學帶入生活經驗中，智慧可能不會增加。我們不能武斷的認爲智慧較低的人能或不能行六波羅蜜，這要看個人的精進和興趣。

問：我們如何辨識這個人有沒有智慧或慈悲心？我們如何知道他是否是值得信賴的善知識？

答：我們無法直接看出這個人是否有智慧與慈悲心。我們能夠做的就是看他如何實踐法教。我們可以觀察這個人的行爲。當我們檢視一個人的行爲，我們可以看出他是否有意願去幫助別人，或是他有沒有利他的發心。如此，我們會產生清淨智慧，也會期待看到智慧的增長。也就是說，如果有慈悲和利他的伴隨，這個人的智慧將堅實而增長；如果他的智慧伴隨著傲慢與瞋恨，或是他的慈悲含藏傲慢、瞋恨與煩惱，那麼他的智慧必將沉淪到低下的層次。這種退轉的智慧將一無是處。

問：如果菩薩不住輪迴又不住涅槃，那麼他住哪裡？

答：以慈悲故，菩薩不安住於寂靜。如果我們問菩薩說：「你已經從輪迴中解脫了，你願意獨自入涅槃嗎？」他會說：「不！」我們接著問：「爲什麼？」菩薩會說：「因爲慈悲的力量。」菩薩回到輪迴，安住於輪迴之中。當菩薩住於輪迴之中，他們是否和我們一樣經驗痛苦、艱困呢？不。由於無上的智慧故，菩薩不住於輪迴。因爲此智慧已經了悟諸法無自性，菩薩既無害也不生起煩惱。由於了悟諸法空性，菩薩不受苦。因此，以智慧故，菩薩不住於輪迴。如果菩薩不住於輪迴，他們是否終止解脫了呢？不。由於慈悲故，菩薩進一步利益眾生。爲了利益一切眾生，菩薩重返輪迴。因此我們說，菩薩既不住輪迴也不住涅槃。

問：似乎只要擁有智慧，我們的行爲就會被智慧所指導。怎麼可能說一個人擁有智慧而卻不知善巧？

答：如果我們只開發禪定，禪觀空性，而不修行布施、持戒、安忍等，我們就將只有智慧而不具足善巧。光靠智慧不足以成佛。爲什麼？只有智慧無法進一步利益一切眾生。落入孤獨的寂靜，我們只是進入聲聞乘。這樣就只有智慧而沒有善巧方便。

問：我們喜歡在日常行爲中更加善巧，靠研讀有幫助嗎？

答：妄念會主宰我們。當我們想像一個從未去過的地方，它的形狀、色彩和特性不容易在我們心中清晰呈現。同樣地，關於法，我們並不清楚修行的方式、我們的行爲可能產生的後果、或是達到目標的方法。再者，我們也不知道如何運用自己的力量。但是我們卻討論佛陀，以及大師們的論著。在他們的著作裡，對於行爲的後果和修行的方法，我們找到清楚的解釋；對於眾生堪忍的痛苦，以及隨後必須的慈悲心，也有清楚的說明。對這些事他們不是隨便寫寫；而是，他們發現這些事是眞實不虛的，他們以智慧和確信寫下了論著：「如果你這樣做，這就是結果。」因爲他們如此清晰地說明，當我們研讀時，可以從他們的字句中認知到眞理：「那是眞實不虛的，不是嗎？我過去從來沒有想過。這裡教導了什麼？它是眞理，不是嗎？」這些著作讓我們知道眾生的痛苦以及它們受苦的原因。在這個基礎上，我們產生慈悲心，慈悲心引發我們研讀解脫之道以及進一步利益眾生的方法。由於知道這些，使我們在利生方面能夠更善巧。

問：像我們這樣的凡人可以使用忿怒的善巧方法嗎？

答：瞋恨無論如何沒有幫助，但有時候忿怒的外相會有幫助。例如，你的朋友正在做一件壞事，你可能非常溫和的說：「別這麼做，這不好！」你的朋友可能聽不進去。所以，你可能衝進去吼道：「你搞什麼鬼！看你幹的好事！」這樣可能有幫助。

問：涅槃和解脫有什麼不同？

答：它們之間沒有太大的不同。在西藏涅槃稱爲nya ngen lay day ba 意思是「超越痛苦」。nya ngen意思是「痛苦」，lay day ba意思是「超越」。超越什麼？超越痛苦。至於解脫，我們要解脫什麼？解脫痛苦。就字義上沒有太大的差別。但是我們可以區分兩種型態的解脫和兩種型態的涅槃。如果我們進入聲聞乘，只是把焦點放在暫時擺脫痛苦煩惱，只是開發禪定，只關照自己的福祉，而不這麼在乎眾生的福祉，那麼我們所成就的只是個人從輪迴的「解脫」。這只是聲聞的解脫或聲聞的涅槃。這類聲聞又稱爲殺賊者。這種解脫只能視爲較小成就的解脫。可以選擇的話，我們應該進入菩薩乘，進一步關照眾生的福祉，最後自身成就佛果。這種完全的淨化與自主也稱作涅槃。無餘涅槃和有餘涅槃都是涅槃，但它們卻是非常的不同。同樣地，大解脫與小解脫都是解脫，但是兩者不同。一般而言，我們談到「涅槃」和「解脫」，通常是指同一件事。

問：當您談到無我時，說到我們無法在玻璃杯裡、玻璃杯外、眼睛和玻璃杯中間找到眼識。那麼第六意識呢，心意識在哪裡？爲什麼不能說意識在腦袋裡呢？

答：如果心意識是住在腦袋裡，假使腿受傷了，心識就不會感覺到痛了。

問：佛教傳統是否視山河樹石都是有生命和知覺的呢？佛教徒視地球爲一個生命體嗎？

答：我沒有看得那麼深入，以我的研究和智慧，我無法回答這個問題。對這些問題的本質，我主要是依循佛陀的法教。在佛陀出現在世間之前，裸身主義者主張草木都是有生命的。他們認爲如果砍伐草木，等於是殺生，往後會遭到報應。佛陀在這些法義廣布之後才出世。他不同意他們的說法，他教導說，雖然我們會因爲殺生而遭到痛苦的後果，但是我們不會因爲砍伐草木而痛苦。他說，即使是很微小的有情眾生像蟲子都是有生命的，從這個角度看，殺一個有情眾生，不論其體積大小，都是沒有差別的。他並沒有教導他的弟子不要割草或砍樹，像是避免去殺害一個有情眾生那樣。因爲我對佛陀有十足的信心，我認爲花草樹木等和有情眾生還是不一樣的。有一些關於地獄的故事，述說樹木等都有感官經驗，並自認爲是「我」，它們也受著地獄之苦。有一些證量極高的人說著這些他們所見到的故事，不同於我們所見。但是，就我來看，我不認爲花草樹木是有情眾生。

問：在這種情況下，爲什麼有些人會選擇在特殊的地方興建寺廟，或是選擇特殊的山作爲供養地呢？

答：神殿興建在山邊樹林間，並不是因爲我們視山或樹爲一個有情生命，而是因爲諸神或精靈選擇在這些地方居住。諸神認爲：「我要住在這兒，」就像我們人類選擇房子一樣，諸神想說：「這個山是我的家，這就是我要住的地方。」有些神或是精靈可能選擇一棵特別的樹：「我要住在這棵樹邊，這是我的家。」此神或精靈不會永遠住在這棵樹邊，他可能會想：「我要住在這兒一陣子，之後再搬到別的地方，接著再回到我的家。」我們將神殿興建在山邊樹林間，不是因爲山或樹，而是因爲諸神或精靈住在那兒。

問：如果我轉生爲一隻熊，我母親的身體——一隻熊的身體，會成爲我身體的因，也會使我成爲一隻熊。這是否意味，我們在來生要接受今生的果報？

答：在佛教傳統我們談到因緣果報。基於前生行爲的善業與不善業，來生我們會經歷善惡的果報。果報是來自於我們自己所累積的業行而不是他人的。我們不會遭到與我們業行無關的果報，一點都不會。

但是，行爲還不足以形成習氣，要靠串習的力量。像煩惱的力量、慈愛的力量等都是串習之故。有些人就是很有愛心，有些人就是充滿慈悲心，有些人無論如何都生不起慈悲心，有些人則是充滿瞋恨，有些人則幾乎不會生氣。是什麼造成這樣的結果？不是因爲業行，而是因爲習氣。有些人喜歡行善，有些人則累積惡行。我們會問：「這是因爲行爲的結果嗎？」不，這完全是因爲習氣。

因此，我們不能只單純以行爲來解釋每一件事，也就是說，因果。愉悅和痛苦的果報來自於業行，那是因。其他的，我們自己的習氣等，則是來自於串習的力量。

問：您談到人無我和法無我，諸神和本尊是以什麼方式存在？

答：果報是基於不同眾生業行的累積而有種種不同的型態。我們人類能夠看到其他人的形體，但無法看到本尊和諸神的形體。不同的行爲驅使不同的生命型態形成他們的形體，使我們無法看到他們。他們可以彼此看到對方，但我們無法看到他們。如同他們的形體一樣，他們的心識是存在的，但是他們的形體無法成爲我們眼睛的對象。偶爾，透過一些業力的誘因，可以看到他們。有時候，有些人可以看到他們。但不是每個人、隨時都可以看到他們。就空性來說，他們的情況與我們並無不同。世俗上來說，我們看到我們所看到的，他們看到他們所看到的。究竟上來說，不管是人、是神、是精靈都非實存的。

問：如果我無法感覺到他們，也就無法知道他們是否存在，那麼又如何確知他們的存在？

答：假設我做了一個夢，夢到去一個美麗的地方。在夢裡我可能騎馬、領導象群，做各種的事。如果你看到我，我只是在睡覺，你無法看到我騎馬、領導大象。你無法看到那些景象。它們會對我顯相，我可以看到自己悠遊在美麗的地方，騎著馬，和大象嬉遊，有著一段美妙的時光。這些景象只對我顯相，其他人看不到。同樣地，只有諸神和精靈能感知他們，我們無法看到他們。

問：因為諸法在心外不自存，如果眾生都成佛了，諸法會變成什麼樣？

答：假設我睡著夢到一頭大象，有人問我：「大象的媽媽在哪裡？」當我醒來的時候，有人問我：「現在誰在領導大象？」大象並沒有媽媽，而我醒過來後，也沒有大象的蹤影。牠們為我顯相，這些境像為有情眾生而顯。當一切眾生都成佛了，這些境像就不再顯露了。

問：您提到欲望是煩惱，在我看來有些欲望反而是有益的。欲望有什麼問題嗎？

答：最小限度的欲望，雖然過患不大，也會把我們和輪迴綁在一起。然而，欲望的本質是無止盡的。它會溢出所有的容器。就這點而言，欲望變得非常危險。因此，不管我們能克制多少欲望，越多越好。

例如，設想希特勒，一開始，他的動機可能很好，或許他想幫助別人。慢慢地，他覺得他應該成為領導，接著他想成為德國的領袖。再下來，他想成為歐洲的領袖，最後他想成為世界的領袖。他的欲望衝破了所有的限制，最後，只有走向毀滅。

問：是否所有的欲望都會導致痛苦？

答：不是所有的欲望都會直接導致痛苦。但是欲望代表對於某種東西的黏著。它讓你無法自由，把你束縛。當我們被某種東西黏著，我們跑不遠。就好像欲求之物把我們拉住，我們無法從中得到解脫。這種欲望我們用一個詞形容——執著。只要執著，我們就黏在那兒無法解脫。但是，這是無須承受的擾亂和痛苦。

問：這是否意味著有些欲望事實上是有益的？

答：在西藏的語言中，欲望意指執著，對自他都有傷害。利益自他的來源有一個不同的名詞，我們稱它爲「熱望」❷。

原註

❷熱望（mos pa）這個詞有幾種翻譯：欽羡、興趣、激勵、想像、渴望等。

# 第七章

# 證悟的果

蓮華戒大師說明了中觀學派修行的三個主題。首先，他探討增長慈悲的必須性。其次，他解釋開啓世俗菩提心和勝義菩提心的修行方法。最後，他描述如何把六波羅蜜帶入生活中的方法，這是在後得位階段的做法。我們都已經說明了。現在，他把焦點轉向描述將這些修行帶入生活經驗對我們的利益。

## 內心完全清淨

蓮華戒根據暫時的徵象和究竟的果做解釋。首先從暫時的徵象來說，一開始我們要有完全清淨的慈悲發心；沿著道途，我們要修清淨的大乘菩薩行；最後，我們達到完全清淨的果，六波羅蜜。這些會導致什麼結果呢？內心變得完全清淨。

一般而言，我們的心並沒有完全清淨。爲什麼？因爲從無始劫以來，我們已經習慣於有我以及強有力的煩惱心。藉著把佛法帶入日常生活經驗之中，煩惱會慢慢平靜，我們的心也會漸漸變得清淨。透過這慢慢淨化的徵象以及清淨心的力量，我們會開始做一些好夢，夢到諸佛菩薩，從他們那兒接受法教，夢到因爲接受了法使得自他都受益。

這種心識慢慢淨化的徵象會從內在生起。外在上，本尊會隨喜我們的修行，提供幫助和保護。本尊有很多，他們並不是這個世界的創造者，但他們居住在不同的地方，你們大多數人多少知道一些關於天使的事吧。許多本尊對佛和法充滿信心，其中有些還眞正遇見過佛並親自接受他的法教。這使得他們得以開展愛心、慈悲心和菩提心。這些功德的開展在許多方面成爲智慧的基礎。當他們以天眼察看，他們可以看出某人已經修行禪定到很深的境界，也可以看出誰在修行慈悲心和菩提心。當然，他們會感到極爲高興，由於他們意樂眞誠的修行，他們會保護行者。當我們修行時，並沒有期待這種保護，但是由於我們成功地開發禪定、清淨發心，並將法教帶入生活之中，本尊們隨喜我們的修行，保護我們免於障礙，幫助我們有益於修行的條件。

## 具足福慧資糧

蓮華戒寫到，這樣一位菩薩，在每一時刻已經具足福慧資糧，何以故？當慈悲心和菩提心呈現時，廣大的功德已然生起。爲什麼？通常，當我們看到一個人受苦時會生起慈悲心：「這個人在受苦。」這樣想之後，慈悲心就生起了。或是當我們看到一百個人在受苦時，我們對他們生起慈悲心。一般而言，這有幫助，而且不只是一點點的幫助。但是，爲了符合佛陀的慈悲法教，我們不只是爲了一百個人生起慈悲心，或是只爲了一千人、一萬人，而是爲了無邊虛空的無量眾生。設想我們對一個人生起慈悲心增加到對無量眾生生起慈悲心的利益，當我們對一切眾生生起慈悲心時，會給你一種無量功德之感。這種無量功德可以提振我們的修行。因爲這種不可思議的道不會偏離，我們智慧的累積也會變得無量。

蓮華戒也寫到，煩惱障和壞的習氣也會得到淨化，何以故？我們有許多煩惱，它們的根源是什麼？源於我們接受身心五蘊爲我，要拔除這個根源就要禪觀人無我和法無我。這攻擊到煩惱的最根源。如果我們不自以爲是最重要的人，如果慈悲心引領我們進一步視他人的利益重於自身的利益，那麼我執和因我執而起的煩惱就可以被抑制。

這不但是一時的也是永久的對治之方。煩惱障會因此慢慢去除。當煩惱障去除以後，惡行也會去除。沒有了煩惱障，新的惡行就不再累積。再者，因爲沒有煩惱障的支持，先前所累積的惡行將會變弱。因此，惡行最後也會去除。

同樣地，身心的快樂和安寧也會時時增長。如果我們有愛心、慈悲心、菩提心以及禪定的功德，我們只會幫助他人而且不會傷害他們，由於不傷害他人，我們得以身心自在。我們也會免於瞋恨、挫折等。據說，來生多世還會因此長得美麗莊嚴。這意指因爲我們的清淨發心和清淨戒行，其他人也不會傷害我們，而且會幫助我們。

## 不受疾痛侵擾

而且，據說我們的身體將不再受到疾病的侵擾。當我們的心被煩惱困擾時，內在的氣和脈將不會順暢。當他們運作不順暢時，我們就生病了。如果我們將殊勝佛法帶入生活體驗中並開發愛心和慈悲心，我們內在的發心將會轉化，我們的煩惱會減少、禪定會增長。這將使得內在的氣脈運作順暢，當氣脈順暢之後，疾病就不容易上身。

再者，我們的心變得柔軟。由於禪定已經開展並且變成習慣了，當我們決定要革除一些惡習或是增長善德時，我們會有力量來主宰這種善德。在究竟上，甚深禪定能夠讓我們開啓天眼等種種不可思議的神通能力。

成就神通力之後，我們可以見到諸佛菩薩，對他們供養，聽他們現身說法，在來生我們降生在諸佛菩薩的清淨國土。而且，在每一世的轉生我們都很自然地樂於利益眾生並修行殊勝佛法。這種內在外在的有利環境是來自於前世因緣的力量，它已經成爲習氣了。這樣的環境可以使我們的善根慢慢滋長到更高的層次，因爲這樣讓我們更快速地成就佛果。

迄今，蓮華戒已經指出了這些對我們自然增長的利益。現在，他談到對他人自然增長的利益。由於禪定力量的提升，我們的智慧也增長。當我們有了這樣的智慧，我們的方便法門也變得更善巧。因爲我們具備了智慧與方便，我們不只是利益自己，還會進一步廣泛地利益一切眾生。

## 眾人隨喜

當我們開發愛心、慈悲心、菩提心以及禪定時，會生起對自他的利益。此外，據說在修法時還會有許多人隨喜。對此我可以拿個人的經驗證明。幾年前，我從中共的統治下逃離出來，當我逃離時，解放軍追捕我。他們不得不這樣做，因爲他們的指揮官下令。一天，解放軍追上我，我別無選擇的在他們面前越過，而我正好在他們的射程範圍內，有兩三百名士兵對我開槍。所有的士兵都開火，掃射了一段時間，可能都射不中一個人嗎？如果他們想要射殺我，我早就死在那兒了。幾百名士兵在射程內對我射擊，有可能失手嗎？很顯然地，他們並不想殺我，他們喜歡我。他們的指揮官下令直接對我開火，他們沒有選擇的餘地，但是士兵們並不想殺我。如果想殺我，他們早已獲得命令。但他們讓我活下來，爲什麼？就像我說的，有許多人要隨喜我們的修行，我沒有做任何取悅他們的事。但是我已經精進地修行並將佛法帶入生活中，而且開發了一點點的慈悲心。就這樣，他們因爲這樣喜歡我，他們放過了我。

如果我們開發慈悲心並避免傷害他人，別人也會回報不傷害我們。即使是帶著槍的士兵對我們也會有感情。再者，不斷地串習一段時間，仁慈會在我們心中滋長。因此，可以產生究竟菩提心，了悟實相的本質，能夠增進他人的福祉，並且成就佛智。

以此方式，直到我們成就究竟的佛果，捨棄心中的煩惱，產生善德，我們慢慢進步從初地、二地菩薩直到十地、十一地菩薩。由於禪定產生的知見，後得智增長到很高的層次；也由於後得智，禪定達到更高的境界。例如，在遠古時代，磨擦兩根木棍，一開始變熱最後生火，而火把兩根木棍也燃燒了。同樣地，透過禪定與後得智的穩定進展，兩者融合不可分別，到達這一點上就成佛了。

## 佛行事業無止盡

在我們成佛以後又怎麼樣呢？直到輪迴無一眾生之前，佛行事業將無止盡。爲什麼會生起這樣的事業？先前我們聽說空性具有慈悲的本質，當我們找到了一條正道並成就了善果，很自然地我們會對其他尚未了悟實相的眾生生起慈悲心。一旦此一強烈的悲心生起，佛行事業就自然生起，而且不會終止，直到輪迴眾生度盡。這是否意味一個佛必須忍受艱苦呢？不，佛不認爲這樣的工作艱苦。爲什麼？一個佛對一切眾生感到溫柔與愛，這使得佛願意獻身於一切眾生，以任何可能的方式幫助他們，不管有多少眾生都一樣。不像我們，佛在輪迴的巨大痛苦面前不會感到無助。諸佛使得無量眾生接受佛法，並提供方法幫助他們成就佛果。這個有意義的事業給予他們極大的喜樂。他們從來不會感到厭倦。

說明了修行次第之後，蓮華戒以偈頌的體例提供行者建議[1]。這項建議不純然是正文的一部分，但是，可以看做是本論的結論。蓮華戒論及，一個成就者不會忌妒他人或故示高傲，他想要的是什麼呢？大智慧。他願意接受所有善知識的指導，他願意聽聞一切智慧者的

譯註

[1] 這偈頌，達賴喇嘛在《禪修地圖》一書中已經翻譯過（中譯本2003年橡樹林文化出版，頁216）

法語。不管他發現什麼有價值的東西，他都謹記在心。他們就像是天鵝一般。怎麼說呢？如果我們把水注入牛奶中，混合之後拿給天鵝，牠們知道如何把水和牛奶分開，捨棄水而喝牛奶。同樣地，成就者不論在何處都可以獲得智慧而且願意傾聽所有人的心聲。有時候他們也會碰到成就者，有時候他們會碰到修行較低者。從成就者身上，他們得到法和非比尋常的建議；從修行較低者身上，他們聽到惡言或是乏善可陳的建議。就像天鵝能夠把牛奶從水中分別出來一樣，成就者不必做任何的批判，就會自然信受有價值的東西而捨棄無用的東西。

智者遠離妒與染，
求智若渴海難填；
去蕪存精善揀擇，
如鵝分別奶與水。
智者遠離惡與偏，
童言稚語亦聽聞。

偈頌以比喻的方式表達了這些事項。這些比喻是什麼意思呢？我們都應該去除自己的偏見——頑固地執著於自我的主張而拒絕接受他人的意見。我們常會這樣想：「這是我們的立場，那是他們的立場。如果我們捨棄自己的偏見，仔細傾聽他人的建議，把好的建議放在心中，用來利益自己和他人，那麼我們將會做得很好。成就者以這樣的態度行事，我們應該仿效他們。這就是蓮華戒提供的建言。

接著蓮華戒寫下迴向文：藉著完成此論的功德，願一切眾生能夠進入並開啓這些正道。迴向之後，蓮華戒說他已經完成了此一論著。

隨著迴向文之後，在本論的末頁，有講授此論的印度學者和翻譯成藏文的西藏學者的確認。在書末加上這樣的附錄是西藏論著的慣例。爲什麼會有這樣的習慣？確認印度學者有講授本論，其用意在於表明此書並非譯者的最新創作，也展示此論在印度的緣起和發展情況。因此，它顯示這本經論是值得尊敬的。爲什麼文末還要提翻譯者呢？如果譯者沒有將梵文經典翻譯成藏文，那麼西藏人就無法閱讀它、念誦它、對他人解釋，或據以自我修行。由於翻譯者的慈悲而有了這樣的機會，文末附錄譯者目的就是要我們記取這個慈悲功德。

當佛法從印度傳揚到西藏，大約有一百零八位翻譯者。密法開始傳揚到西方時，並沒有這麼多的譯者。因爲人手的缺乏，一時無法翻譯這麼多的經典。如果沒有翻譯，這些經論的法教沒有那麼容易傳播到其他地方讓更多的人修習。例如，卡盧仁波切要求將蔣貢康楚羅卓泰耶的《全知寶藏》翻譯成英文。因爲能幫助這項工作的人很少，因此進行得很緩慢而且相當困難。在過去，整個甘珠爾（Kanjur）和丹珠爾（Tenjur）在比較短的時間內被翻譯出來，而且沒有遇到太大的困難。簡單說，我們需要翻譯者，越多越好。請思考一下，如果可以的話歡迎加入。

如有問題，請提問。

## 問答錄

問：請說明「施與受」的修行。

答：蓮華戒在本論中並沒有談到施與受的修行，但這是一項很重要的修行。在本論中，蓮華戒泛論開啓慈悲心和禪觀空性的方法，但他沒有特別談論施受法的修行。然而，禪觀施受法在其他修行次第的論著上有討論，了解它並知道如何修行這個法門非常重要。

像我們這樣的人，只欲求自身的快樂而不特別關心別人是否快樂。通常，這種態度反應了一般人的特質。爲了改變這根本的性向並生起慈悲心，我們要熟習一種態度，就是願他人快樂而痛苦由自己承受。當我們習慣之後，大悲心自然生起。我們必須努力變成習慣於這種十分艱難的態度，爲了達到這個目標，我們修行施受法。有些人希望藉著這項修行，他們能夠承擔起他人的痛苦。他們可能碰到一個病人，對他產生溫柔感，心想：「現在我要承受這病苦。」用力地吸氣。之後再想：「或許這個人現在會變得更好。」然而，那個人沒有因此變得更好，我們自許利益他人的感覺沮喪了。有些人會感到害怕，他們心想：「我自己的痛苦已經夠多了，如果我病了怎麼辦？當別人的痛苦眞正降臨到我身上的時候，那將有多困難。我不敢修這個法。」

它不是像這樣期待或是恐懼會眞正的承受他人的痛苦，修行施受法了解我們的快樂和痛苦是因爲先前的業行。我們無法眞正承受別人的痛苦，或是把我們的幸福給他們。

如果透過施受法我們無法直接而立即的幫助他人，這是否意味著它毫無利益呢？不，它仍有助益。例如，假使我這樣想：「我要把我的快樂給這個人，並將他的痛苦加諸我身。」這個良善的發心會使在我心中建立的善根滋長。未來我可以透過法布施帶給別人快樂。我可以向他解釋法，他們可以因此將法帶入生活經驗中，透過修行佛法，他們可以得到快樂。以這種方式，事實上我能夠帶給他們快樂。同樣地，我也可以去除他們的痛苦。給他們快樂就等於是去除他們的痛苦。認爲觀想施受法是無益的，這是一種錯誤的想法。從一個長遠的眼光，可以說，我們的確能無懼地去除他人的痛苦，而且能毫不猶疑地帶給別人快樂。

問：您可否再多說一點，我們要如何爲地球補強？

答：幾年前我和創巴仁波切就此議題有個討論。那時他已經住在這兒，而我從印度過來。因爲他在這兒住了一段時間，他能向我解釋北美地區生活的各個層面。一般而言，美國已經是繁榮進步的。就繁榮的一部份，美國從地底下拿走了許多有價值的物質：黃金、白銀、珠寶、鐵礦、銅礦等。只要能從大地榨取的東西都被過度地榨取了。創巴仁波切解釋說，由於許多珍貴的金屬礦和物資被挖取，地球的能源已經逐漸枯竭。因爲此一枯竭，人們不願意停留在原地。或許他們想搬到紐約，在紐約住一陣子之後，他們又想搬到洛杉磯，之後再搬到其他地方去。他說，這種不斷遷移顯示地球能源的逐漸枯竭。

當大地承受此耗損之痛，本尊諸神離開他們原本居住的地方，人們住在這兒不再有樂趣。當人們修火供，穿上華服，彼此端莊和誠意相待，口誦ki ki和so so，並以各種儀式愉悅本尊諸神，爪拉❷會回到他們原來的居所。當爪拉回來時，人們身體的光輝和尊嚴將會恢復，內心的勇氣也會恢復。

問：如果某人自我了結他的生命，在中陰身階段會發生什麼事？我們有什麼辦法來幫助那些人？

答：如果我們修行佛法，致力於幫助他人，布施、持戒，並明確地以這些行爲的功德迴向給那些自我了結生命的人，這種功德可以幫助他離苦得樂。

問：我們似乎是那樣的浮躁，有時候我們想要一個東西，接著又想要另一個。這產生很大的痛苦，對此您有何建議？

答：在煩惱情緒中，類似貪、瞋、痴的煩惱不時呈現。無明有兩種類別：混雜的和純粹的。純粹的無明是單獨成立的，它就是單純的什麼事都不知道。相反地，混雜的無明則伴隨著其他的煩惱：當煩惱生起時，無明也生起。這些煩惱情緒不知道它們的目標是好的還是壞的，這是因爲無明才讓它們糊裡糊塗。例如，貪念不知道它貪的事是好的還是壞的，爲什麼？因爲無明同時出現。同樣地，當瞋念生起時，我們失去理智，扭曲了所有的事。爲什麼？因爲無明。我們該怎麼做呢？當貪念生起時，我們應避免整個人掉進它的魔咒中。貪念認爲它要的東西是好的，但我們可以置之不理。我們可以轉而倚靠理智，藉著智慧檢視分析，看看我們是否被這個值得的或是不值得的東西迷住了。如果我們能避免掉進貪欲的魔咒，不跟著它起舞，而依靠著智慧，我們就可以看清楚，也能夠分辨什麼可以採行、何時終止。

問：請告訴我們一些有關您的事業：在西藏的創古寺、在尼泊爾的閉關中心，以及您的弘法等。

編註

❷ 爪拉：字面之意義為「超越敵人之上」。當我們克服自己的憤怒和敵意時，所生發的福佑能量。

答：對佛教徒來說這曾經是最艱困的一段歷史，尤其是金剛乘。曾經有過重大的障礙和中斷。例如，一九五九年中共進入西藏，開始摧毀經典和寺廟，要求出家人還俗，迫使他們中止讀經和修行。我能說他們破壞佛法達到極限的程度嗎？不，我不會這麼說，因爲嘉華仁波切[3]、嘉華噶瑪巴[4]、創巴仁波切[5]和其他卓越的喇嘛們，以各種方法阻止了對佛法的全面破壞。他們成就了非凡的事業，但是當然還有更多的事要做。在西藏，我們失去了許多有學問和有成就的修行者，許多教法的傳承也因此遺失。許多上師們流亡到印度，但是年長者多已過世。再者，年輕的修行者經常無法獲得充足的生計以支持他們的學習和修行。這使得佛法的生存和弘揚產生了阻礙。受到一些偉大喇嘛們的行儀激勵，我強烈的感覺到我必須做一些事。

你們有些人早已知道我發起的事業，你們也知道我還沒有做到一點成果或是有意義的事。我聚集了一些年輕的喇嘛，盡可能地讓他們接受西藏幾世傳下來的法教訓練。首先，他們必須聽聞法教；接著，他們要去思維他們所聽聞的；最後，他們要修行把法教帶到日常生活中。我已經盡我所能，讓他們以這樣的方式學習和修行。而且，因爲佛法現在已經弘揚到世界各角落，我讓這些年輕人學習英文。爲了讓年輕人能學習和修行，我在尼泊爾興建了一座寺廟和閉關中心。之後，看到西藏的情況有些微的進步，想到佛法曾經在西藏盛極一時，我感覺到做一些事幫助西藏復興佛法很重要。時機看起來很吉祥，所以我去了兩次西藏。在那兒我興建了一座寺廟，並聚集了一群爲了修行的受戒比丘，我希望這有助於西藏佛教的復興。

許多東方和西方人在這方面幫助我。他們的慷慨和善意使得我能在尼泊爾興建寺廟，並在西藏重建寺廟。這有很大的幫助，因爲讓人們能夠學習和修行。我還無法成就廣大的事業，例如，在尼泊爾的寺廟只有一百零七位出家眾。許多人捐獻金錢，讓我們的計劃能夠進行不中斷，我非常感激這些善心的人們，他們以各種方式提供了協助。

許多來自西方的女士們到這裡熱切地對我說：「您已經爲男眾興建了一座寺院，但是還沒有爲女眾興建寺院。這構想怎麼樣呢？」她們說的是事實，沒有反對的道理。然而，在我開始興建男眾的寺廟時，許多人提供協助。但幾乎沒有人自願說：「如果您要興建一座女尼的寺，我會提供幫助。」對這些提問者的回應，我答應如果她們願意協助，我一定會興建一座女尼的寺。我已經著手準備進行，有些人也開始幫助，我想這將會進行得很順利。

唯一的另一件事是學校。在尼泊爾，有許多西藏兒童無法學習他們的母語，這對西

原註

❸這是許多西藏人稱呼十四世達賴喇嘛丹增嘉措的名號。

❹十六世大寶法王讓迥立佩多傑。

❺究給嘉措（1940-1987），第十一世創巴仁波切。

藏造成更大的傷害。因此我興建了一座迷你小學。

大概就這樣了。我沒做多少事。

問：我們也希望能對孩子介紹佛法，對此您有何建議？

答：孩子需要一個很好的基礎。我想佛化的生活對他們是很好的方式。給他們一個良好的引導方法，使他們有平靜而柔順的脾氣、自信與能力達到目標。如同創巴仁波切所教導你們的，穿上好的衣服、有容光煥發的舉止，我們不都喜歡看到孩子們這個樣子嗎？而且，我個人認爲，父母以友善、溫馨和愛彼此相待，不吵架，並對孩子提供相同的溫暖與愛，這對孩子而言會是多麼的不同。慢慢地，孩子會隨著相同的生活方式。孩子看到父母過著美好的生活，他們也想要這樣。如果父母做壞的行爲、常吵架，孩子會覺得父母不好，而他們往後會每下愈況。法要興盛，我們就要過得更好，並努力把法教帶入生活中。爲了讓孩子在將來過得順利，我們必須正派的生活，並對他們付出愛心和尊重。

一位順勢療法的醫生給我一些建議。他說我們必須盡各種所能治癒疾病提升健康，來照顧好我們的身體。我們的孩子將遺傳我們的力量和健康，他們的身體會因此強壯，再接下去的每一代都是如此。相反地，如果我們不照顧好我們的身體，如果我們感染許多疾病而不設法治癒，那麼我們的孩子也不會健康。反而是，他們將爲疾病所苦，而且健康狀況將一代不如一代。因此，他說，照顧好身體是我們的責任。同樣地，我們也要照顧好我們的智慧和行爲的寶藏。如果我們這樣做，我們的子孫將會變得越來越好；如果我們不這麼做，我們的子孫將變得越來越糟。

有這個機會和大家談論佛法，我感到非常幸運。你們可能會想知道我爲什麼會到這裡來。我沒有想過要到西方來弘揚佛法。我曾經希望做什麼呢？過去，我有幸碰到一些卓越的喇嘛，從他們身上接受特別的法教，有些我還能清楚的記憶。我想過爲他人講說佛法，對他們會有幫助。有些東西你們可能不喜歡，那些可以擱置一邊，而你們喜歡的，對你們確實會有幫助。循著這個線索思考，我旅遊來到這個地方。有很多人來聽這個講座，沒有人願意錯過你們所表達的喜樂。你們展現了熱烈的興趣，也問了相當好的問題。那洛巴佛學院不像其他的學校，這種不同給了我很大的喜樂。謝謝你們！

# 附錄

# 參考書目

## 經典

《聖法集經》（*Sutra Compiling the Dharma Correctly*）

《好運經》（*Sutra of Good Fortune*）

《楞伽經》（*Sutra of the Descent into Larika*）

《廣攝一切法經》（*Sutra of the Extensive Collection of All Qualities*）

《寶積經》（*Sutra of the Heap of Jewels*）

《迦耶頂經》（*Sutra of the Hill of the Gaya Head*）

《寶髻經》（*Sutra of the Jewel On the Crown*）

《三摩地王經》（*Sutra of the King of Meditative Stabilization*）

《般若經》（*Satra of Transcendent Knowledge*）

《無盡意菩薩經》（*Satra Taught by Akshayamati*）

《解深密經》（*Satra Unravelling the Thought*）

## 印度論典

月稱：《入中論》（*Chandrakirti. Entrance to the Middle Way*）

嘉桑南多：《蓮華戒大師》（*Ācārya Gyaltsen Namdol. Bhāvanākramah of Ācārya Kamalasila*）

寂護：《中觀莊嚴論》（*Shāntarakṣhita. Ornament for the Middle Way*）

寂天：《入菩薩行》（*Shāntideva. Engaging in the Conduct of a Bodhisattva*）

世親：《俱舍論》（*Vasubandhu. Treasury of Higher Knowledge*）

## 西藏論典

岡波巴：《解脫莊嚴寶——大乘菩提道次第論》（*Explanation of the Stages of the Paths of the Great Vehicle Called The Excellent Dharma*）

第九世噶瑪巴旺秋多杰：《指向法身》（*Pointing a Finger at the Dharmakāya*）

第九世噶瑪巴旺秋多杰：大手印：《破除無明之黑暗》（*Dispelling the Darkness of Ignorance*）

第九世噶瑪巴旺秋多杰：《了義海》（*Ocean of Definitive Meaning*）。

## 其他著作

傑佛瑞．霍普金斯：《禪觀空性》（Jeffery Hopkins. *Meditation on Emptiness*, London: Wisdom Publications, 1983）

給尚桑波仁波切：《寧瑪派的密續修行》（Khetsun Sangpo Rinbochay. Tantric Practice in Nying-ma）

鈴木俊隆：《禪者的初心》（Suzuki Shunryu. *Zen Mind, Beginner's Mind,* New York and Tokyo: John Weatherhill, Inc., 1970，中譯本二〇〇四年橡樹林文化出版）

達賴喇嘛：《禪修地圖》（The Dalai Lama. *Stages of Meditation.* Geshe Lobsang Jordhen, Losang Choephel Ganchenpa, and Jeremy Russell. Ithaca, New York: Snow Lion Publication, 2001，中譯本二〇〇三年橡樹林文化出版）

善知識系列JB0040

**成佛的藍圖**

作　　者：堪千創古仁波切
譯　　者：陳琴富
封面設計：黃健民
內頁版型：吳懿儒

總 編 輯　張嘉芳
編　　輯　游璧如
業　　務　顏宏紋
出　　版　橡樹林文化
城邦文化事業股份有限公司
台北市民生東路二段141號5樓
電話：(02)25007696傳眞：(02)25001951
發　　行　英屬蓋曼群島商家庭傳媒股份有限公司城邦分公司
台北市民生東路二段141號2樓
書虫客服服務專線：(02)25007718；(02)25007719
24小時傳眞專線：(02)25001990；25001991
服務時間：週一至週五上午09:30-12:00；下午13:30-17:00
劃撥帳號：19863813；戶名：書虫股份有限公司
讀者服務信箱：service@readingclub.com.tw
城邦讀書花園網址：www.cite.com.tw
香港發行所　城邦（香港）出版集團有限公司
香港灣仔駱克道193號東超商業中心1樓
電話：(852)25086231 傳眞：(852)25789337
E-mail: hkcite@biznetvigator.com
馬新發行所　城邦（馬新）出版集團【Cité (M) Sdn.Bhd. (458372 U)】
41, Jalan Radin Anum, Bandar Baru Sri Petaling,
57000 Kuala Lumpur, Malaysia
電話：(603)90578822　傳眞：(603)90576622
E-mail: cite@cite.com.my
印　　刷　中原造像股份有限公司
初版一刷　2007年7月
初版四刷　2017年5月
ISBN:　978-986-7884-69-5
定價：270 元

城邦讀書花園
www.cite.com.tw

**國家圖書館出版品預行編目資料**

成佛的藍圖／堪千創古 (Khenchen Thrangu Rinpoche) 著；陳琴富 譯
--初版--臺北市：橡樹林文化出版：
家庭傳媒城邦分公司發行，2007〔民96〕
272面；17 x 22公分 --（善知識系列；JB0040）
參考書目：面
譯自：Essential practice : lectures on Kamalashila's stages of
meditation in the Middle Way School

ISBN 978-986-7884-69-5（平裝）

1.藏傳佛教 — 修持

226.966　　96011678